경인교육대학교 특성화사업단
T-멘토링 총서 5

초등교사를 위한 다문화상담 길잡이

황매향 · 고홍월 공저

M E N T O R I N G

학지사

이 책은 현재 급증하고 있는 다문화가정 아동들의 문제를 교사가 어떻게 다루어 나가고 조력할 것인가에 대한 구체적인 지침서다. 교사나 예비교사가 초등학교 현장에서 상담해 나가는 과정을 돕기 위해 지난해 『초등교사를 위한 문제행동 상담 길잡이』가 발간되었다. 『초등교사를 위한 문제행동 상담 길잡이』가 초등학교 현장에서의 상담에 관한 기본서라면, 『초등교사를 위한 다문화상담 길잡이』는 그 각론에 해당한다. 따라서 이 책을 공부하거나 참고하기 이전에 기본서 내용에 대해 충분히 숙지하기 바란다.

다문화가정 아동이란 두 가지 이상의 문화권에 걸쳐 성장하고 생활하는 아동으로 부모 중 한 명이 한국인인 국제결혼 가정의 아동, 외국인 근로자 가정의 아동, 북한에서 이주한 새터민 가정의 아동이 여기에 속한다. 초등학교 재학생 중 이런 다문화가정 아동의 수가 2006년 6,795명에서 2008년 15,804명으로 급속하게 증가하고 있고, 이러한 증가 추세가 지속될 것으로 전망되고 있다. 장애아동에 대한 통합교육이 제대로 정착이 되기도 전에 또다시 다문화아동이 교실에 들어오면서 학생들의 다양한 요구에 부응해야 하는 교사의 어깨가 점점 무거워지고 있다. 일반아동 사이에도 개인차가 커서 아동의 다양한 요구에 부응해야 하는 과제는 교사가 갖는 고유한 직무에 해당하지만, 다문화가정 아동의 요구는 교사들에게 또 다른 도전으로 다가오고 있다. 뿐만 아니라 아직 학교와 지역사회가 다문화가정을 차별 없이 수용할 준비가 되어 있지 않은 상태여서 다문화가정 아동이 많은 상처를 받고 학교부적응에 처하고 있으므로 많은 조력이 필요하다. 이 책을 통해 교사들이 이런 부담을 덜고 다문화가정 아동을 보다 효과적으로 조력할 수 있는 방안을 모색할 수 있기 바란다.

이 책은 다문화가정 아동을 상담하기 위해 교사나 상담자가 알아야 할 배경지식과 다문화가정 아동을 어떤 방법으로 조력할 것인가에 해당하는 상담 실제를 다루는 일곱 개의 장으로 구성되어 있다. 1장 다문화가정 아동의 상담에서는 다문화가정 아동의 정의, 주요 상담영역, 상담과정에서의 특징을 다루고 있다. 2장 다문화가정 아동의 이해는 다문화가정 아동이 처해 있는 상황과 어려움이 어떤 것인지를 구체적으로 소개한다. 3장 다문화가정 아동의 성장환경은 2장에서 알아본 다문화가정 아동의 어려움의 배경이 되는 사회적(환경적) 여건에 대해 다룬다. 4장 다문화가정 아동 문제행동별 상담 접근은 다문화가정 아동들이 현재 학교에서 보이는 대표적 문제행동들을 구체적으로 다루어 나가는 상담지침을 제공한다. 이 장에서 다룰 다문화가정 아동의 문제행동을 선정하기 위해 다문화가정 아동을 1년 이상 지도해 본 경험이 있는 전국의 초등학교 교사들을 대상으로 요구조사를 실시하였는데, 그 결과를 부록으로 제시하였으니 참고하기 바란다. 5장 다문화가정 아동 대상 행동수정 프로그램의 실제에서는 다문화가정 아동을 일대일로 조력할 수 있는 행동수정 프로그램을 컨설팅 과정으로 소개한다. 6장 다문화가정 아동 친구사귀기 집단상담의 실제는 다문화가정 아동들을 대상으로 실시할 수 있는 4회기의 집단상담 활동을 소개한다.

이 책이 나오기까지 많은 분들의 도움을 받았다. 다문화가정 아동의 문제행동 선정을 위한 요구조사에 응해 주신 전국의 58분의 초등학교 선생님들, 집단상담 프로그램 내용을 지원해 주신 경기도청소년상담지원센터 강유임 선생님, 자료검색과 편집 등 여러 도움을 준 최도은 선생님, 김영화 선생님, 여러 가지 자문을 해 주신 유정이 교수님, 임은미 교수님, 하혜숙 교수님께 깊이 감사드린다. 또한 이 책은 2008년 수도권 대학 특성화 지원사업의 재원을 받아 출판되었다. 이 책이 출판될 수 있도록 도와주신 경인교육대학교 특성화사업단과 학지사 관계자 여러분께 감사의 말씀을 전한다.

2009년 2월

저자 대표 황매향

차 례

■ 머리말 / 3

제1장 다문화가정 아동의 상담 11

1. 다문화가정 아동의 의미 14
2. 다문화가정 아동의 주요 상담 영역 15
3. 다문화가정 아동 상담의 특성 17
4. 다문화 상담자의 역량 18

제2장 다문화가정 아동의 이해 25

1. 학업 영역 27
2. 대인관계 영역 34
3. 심리적 특성 40

제3장 다문화가정 아동의 성장환경 51

1. 다문화가정 아동의 가정환경 53
2. 다문화가정 아동의 교육환경 59

제4장 다문화가정 아동 문제행동별 상담 접근 63

1. 기초학습능력 부족의 문제 65
2. 학업동기 부족의 문제 74
3. 낮은 자기존중감 82
4. 정체감 혼란 90

제5장 다문화가정 아동 대상 행동수정 프로그램의 실제 97

1. 1단계: 도움이 필요한 아동 발견하기 102
2. 2단계: 행동수정에 대한 동의 구하기 103
3. 3단계: 기초선의 측정 107
4. 4단계: 목표와 강화물 정하기 109
5. 5단계: 행동계약서 작성하기 111
6. 6단계: 행동수정 실시하기 114
7. 7단계: 피드백 수집하기 117
8. 8단계: 추수점검하기 121
9. 9단계: 결과에 대한 소감 나누기 122

제6장 다문화가정 아동 친구사귀기 집단상담의 실제 125

• 나를 소개합니다 127
• 색안경은 싫어요 131
• 놀리는 친구와도 친해요 134
• 우리는 한 배에 탔어요 139
• 각 회기에 활용할 워밍업 활동 141

부록 147

1. 다문화가정 아동의 학업문제 관련 검사 149
2. 다문화가정 아동의 문제행동에 대한 조사 결과 168

■ 참고문헌 / 181
■ 찾아보기 / 185

제 1 장

다문화가정 아동의 상담

이 장에서는 다문화가정 아동의 정의를 소개하고, 주요 상담 영역과 상담과정에서의 특징을 개관할 것이다. 다문화가정 아동을 접해 보지 않은 교사도 함께 이해할 수 있도록 기본적인 내용부터 소개할 것이다.

제 1 장

다문화가정 아동의 상담

최근 들어 국내에서 다문화 상담이 상담의 한 영역으로 부각되고 있다. 다양한 인종의 사회공동체는 먼 이야기가 아니라 한국사회의 현실적인 문제로 부각되고 있다. 외국인 100만 명 이상의 시대가 오면서 여러 가지 사회문제가 발생하고 있는데, 그중 상담심리학 영역에서는 다문화 상담이라는 과제에 직면하게 되었다. 특히 최근 급속히 증가하고 있는 다문화가정 아동에 대한 이해와 상담이 교육현장에서 시급한 부분이 되었다. 다문화가정 아동 상담은 문제를 겪고 있는 다문화가정 아동을 조력할 뿐만 아니라, 그들의 건강한 성장과 발달을 도모하여 사회적 문제를 조기 예방하여 적은 비용으로 사회적 문제에 접근하는 지름길이 된다.

1. 다문화가정 아동의 의미

현재 국내에서 다문화가정 아동이라고 하면 크게 세 가지로 나눌 수 있다. 결혼이민자 가정의 아동, 이주노동자(외국인 노동자) 가정의 아동, 탈북 이주민 혹은 '새터민' 가정의 아동이다. 이 책에서는 다루지 않지만 다문화가정이라는 범주에는 해외주재원이나 유학생 자녀도 포함이 된다. 여기서 다문화라는 주제에 해당되며 최근 사회적 지원의 필요성이 대두된 다문화가정의 아동은 앞의 세 가지 형태를 의미한다.

첫째, 결혼이민자 가정의 아동은 국제결혼 가정의 자녀들이다. 국제결혼 가정은 부모 중 한 사람이 한국 국적으로 다른 외국 국적의 배우자와 결혼하여 가정을 이룬 경우다. 그중에서 한국 남성과 외국 여성이 결혼하여 가정을 꾸려 나가는 경우가 상대적으로 더 많다. 결혼이민자로서 한국 국적을 취득하는 경우도 있고, 출신국의 국적을 보유하는 경우도 있다. 이들 가정의 아동은 대부분 한국 국적을 취득하지만 일부 아동들은 18세 이전까지 이중 국적을 취득하는 경우도 있다.

둘째, 외국인 노동자 가정의 아동은 주로 부모가 이주노동자로 먼저 입국한 후 자녀를 입국시켜 함께 생활하는 경우를 뜻하며, 국내에서 출생한 외국인 노동자의 자녀를 의미하기도 한다. 이들은 부모, 자녀 모두 출신국의 국적으로 한국에서 체류하는 경우다. 외국인 노동자는 한국에서 생활하지만 자신의 고유한 문화정체감을 유지하면서 자녀들도 조국의 문화를 받아들이는 편이다.

세 번째 형태의 다문화가정은 '새터민'이라고 불리는 탈북 이주민 가정이다. 이들은 고유한 한민족의 문화를 공유하지만 분단의 역사 속에서 상이한 문화를 형성해 왔다. 탈북하여 한국에 정착하려고 노력하지만 문화적 차이로 인해 적응에 어려움을 겪고 있다. 이들은 문화적 차이뿐만 아니라 성인이든 아동이든 탈북이라는 긴 과정에서 생존의 보장조차 받을 수 없는 열악한 환경에서 살아남았다. 문화적 차이를 넘어서 한 인간으로 존재하고 존중받는 경험부터 필요하다고 할 수 있다. 전반적으로 심리적 안정, 사회정착, 문화적응 등 많은 영역에서 도움을 필요로 하는 사람들이다.

2. 다문화가정 아동의 주요 상담 영역

다문화가정 아동의 주요 상담 영역으로는 학업 영역, 대인관계 영역, 정서 영역 등이 있다. 상담 영역이 일반 아동들과 큰 차이를 보이는 것은 아니지만 각 영역에서 나타나는 구체적인 문제의 특성이 다르다. 다문화가정 아동의 특성은 학업, 대인관계, 정서 영역에 영향을 미치기 때문에 각 영역별로 다문화가정 아동의 특성이 존재한다.

학업 영역에서 다문화가정 아동들이 가장 많이 겪는 문제가 학습부진이다. 일반적으로 다문화가정 아동들은 이중언어를 접하게 되고 한국어를 모국어로 사용하지 않는 아버지나 어머니로부터 언어를 배우는 과정에서 일반 아동들과는 다른 방식으로 한국어를 습득하게 된다. 따라서 한국어가 서툴고 읽기나 쓰기에서 어려움을 호소하는 경우가 많다. 그리고 이런 서툰 한국어로 인한 어려움이 다른 교과에도 영향을 미치기 때문에 전반적으로 학업성취수준이 낮아 학습부진이 나타난다. 또한 누적된 학업상의 문제가 학습된 무기력 현상으로 나타나 낮은 학습동기와 학습방법상의 문제를 초래하게 된다. 따라서 다문화가정 아동의 학업문제를 접근할 때 학업결손이나 학습방법, 학습기능의 문제와 학습동기를 비롯한 심리적 문제를 함께 다루는 것이 더 효과적이다.

대인관계 영역은 다문화가정 아동들이 일반 아동과 어울리는 과정에서 생기는 문제들이다. 다문화가정 아동의 대인관계 문제의 원인은 크게 두 가지로 나누어 볼 수 있다. 하나는 그들에 대한 외부의 사회적 편견과 차별적 시선으로 인한 것이고, 다른 하나는 다문화가정 아동들의 부적절한 행동과 반응에서 오는 것이다. 즉, 이것은 내적 요인과 외적 요인으로 구분할 수 있다. 다문화가정 아동들의 행동적, 정서적 특성이 또래관계의 어려움을 초래하거나 외부의 편견과 차별로 인해 또래관계의 어려움을 겪게 된다. 내적 요인과 외적 요인은 독립적으로 존재한다기보다 상호작용으로 어려움을 가중시키기도 한다. 이러한 대인관계 문제의 출발점을 이해하는 것이 적절한 개입을 제공하는 데 유용할 것이다.

정서 영역의 문제 역시 다문화가정 아동들의 성장과정에 관여하는 내적 · 외적 요인으로 인한 것으로 볼 수 있다. 환경적 요인과 개인 내적 요인으로 아동들은 위축, 낮은 자존감, 분노, 공격적 성향 등을 나타낼 수 있는데, 이러한 성격발달 과정에서 발생할 수 있는 정서적 문제와 행동적 문제에 대한 인식과 관심이 중요하다. 다른 한편, 앞에서 언급한 다문화가정 아동을 둘러싼 환경적 영향으로 생기는 정서적 문제와 행동적 문제도 함께 고려하여 접근해야 한다. 이상 주요 상담 영역에 대한 구체적인 개입방법은 제4장에서 다루어질 것이다.

3. 다문화가정 아동 상담의 특성

이 책에서 말하는 다문화가정 아동 상담은 앞에서 제시한 다문화가정 아동의 성장 및 문제 행동을 다루는 상담을 의미한다. 따라서 여기에서 다문화가정 아동 상담의 특성도 이런 부분에 초점을 맞춰 그 내용을 살펴보고자 한다. 일반적인 상담의 원리나 상담의 특성에 해당되지만 다문화가정의 아동이라는 전제를 두고 다음과 같이 정리해 볼 수 있다.

첫째, 다문화가정 아동 상담에는 문화적 이슈와 아동 · 청소년 발달 문제가 공존하고 있다. 다문화가정의 아동에게 문화적 이슈라는 것은 너무나 당연한 것이고 문화적 이슈에서 파생된 문제를 정확히 파악하는 것이 중요하다. 문화적 이슈에서 오는 다양한 어려움에 대해 이 책의 각 장에서 계속 언급할 것이다. 예를 들어, 아동이 겪고 있는 어려움, 부모가 겪게 되는 어려움이 아동에게 끼치는 영향과 교사가 지도하는 과정에서 느끼는 어려움을 이해할 필요가 있다. 문화적 이슈 이외에 아동 · 청소년 발달 문제에 대한 이해를 바탕으로 상담을 진행하게 된다. 일반적으로 아동 · 청소년의 성장과정에서 나타나는 문제가 다문화가정 아동에게도 똑같이 나타날 수 있기 때문에 문화적 이슈와 발달적 이슈가 복합적으로 나타날 수 있다. 교사 또는 상담자로서 문화적 이슈와 발달적 이슈를 정확하게 이해하고 구분한 다음 통합적으로 접근해야 한다.

둘째, 다문화가정 아동 상담에서는 경험의 차이를 어떻게 수용하는지를 다루게 된다. 앞에서 문화적 이슈가 늘 빠지지 않고 등장하는 주제라고 하였는데, 그중에서도 문화적 차이는 가장 빈번하게 경험하는 문제다. 문화적 차이라는 용어는 비교적 중립적인 단어이지만 일부 학자들은 '문화충격'이나 '문화적 갈등'이라는 용어로도 표현한다. 이러한 문화충격이나 문화적 갈등에는 문화적 차별이라는 현실적인 문제가 깔려 있다. 충격이나 갈등이라는 용어보다 차별이라는 용어가 더 실감나게 그 문제를 표현하는 것 같다. 즉, 다문화가정의 아동은 다만 외국인 아버지나 어머니를 둔 이유만으로 인간적인 차별을 받게 되는 것이다. 이러한 경험을 무시하거나 차별로 인한 감정을 억압한다고 해서 문제가 해결되지는 않는다. 삶의 일부로 그들은 차이를 느끼고 차별을 받게 된다. 이런 아동에 대한 상담은 경험의 개방과 심리적 정화를 넘어 삶의 일부인 차이와 차별을 수용할 수 있게 해야 한다. 아동 상담에서 수용의 범위에 대해 재고해야겠지만 상담의 목표는 자신의 경험의 대한 수용이어야 한다.

셋째, 다문화가정 아동 상담의 궁극적인 목표는 문화적 정체감 형성을 돕는 것이다. 경험적 차이에 대한 수용을 통해 자신이 가진 고유한 특성을 인정하고, 문화적 다양성에 대한 긍정적인 이해와 수용을 증진시킨다. 일부 조사 자료에 의하면 다문화가정에서 신분을 속이는 경우가 종종 발생하는데, 이러한 과정에서 아동들은 부적절감을 느끼고, 위축된 모습을 보이게 된다. 자신에 대한 이해와 수용, 이중문화에 대한 인정과 수용, 또한 부모가 속한 문화에 대한 이해와 수용이 긍정적 자아정체감 형성의 밑거름이 될 것이다.

4. 다문화 상담자의 역량

다문화상담에서 교사는 다문화적인 이해가 있어야 하며 다양한 문화적 배경의 아동에 대해 알아야 한다. 미국은 세계 어느 나라보다 다문화와 관련된 이슈를 일찍부터 다루어 온 나라이다. 상담영역에서도 다문화상담 역량에 대한 논의는 미국에서 출발하였다. 미국의 경우, 1970년대 초부터 상담자의 다문화에 대한 인식, 지식, 기술을 향상시켜야 할 필요성이 끊임없이 제기되어 왔다. 그에 비해 우리나라에서는 아직 다문화 상담자의 역량에 대한 논의조차 시작되지 않고 있다. 따라서 이 장에서는 미국에서 제시한 다문화상담 역량을 소개하고자 한다. '다문화 상담가/교사를 어떻게 훈련시킬 것인가' 하는 문제를 해결하기 위하여 미국의 The Association for Multicultural Counseling and Development(AMCD) 에서는 다문화상담 역량에 관련된 기준을 발표하였다(Sue, Arredondo, & McDavis, 1992). 그 내용을 살펴보면 다음과 같다.

1) 문화적 가치와 편견에 대한 인식

(1) 태도와 신념

① 숙련된 다문화 상담자는 문화적 인식 부족 상태에서 벗어나 자신의 문화적 전통에 대한 인식과 민감성을 가지고, 차이를 가치 있게 여기고 존중할 수 있어야 한다.

② 숙련된 다문화 상담자는 자신의 문화적 배경, 경험, 태도, 가치, 편견이 어떻게 심리적 과정에 영향을 미치는지 인식한다.

③ 숙련된 다문화 상담자는 자신의 역량과 전문성의 한계를 인식할 수 있다.

④ 숙련된 다문화 상담자는 상담자와 내담자 사이에 존재하는 인종, 민족, 문화, 신념의 차이에 편안함을 느낀다.

(2) 지식

① 숙련된 다문화 상담자는 자신의 인종적, 문화적 전통에 대해 자세히 알고 있으며, 이러한 것들이 어떻게 개인적, 전문적 차원에서 정상－비정상에 대한 정의와 상담의 과정에 영향을 미치는지를 알고 있다.

② 숙련된 다문화 상담자는 억압, 인종주의, 차별, 편견이 상담자 개인

과 상담작업에 어떤 영향을 미치는지 이해하고 지식을 갖고 있다. 이는 상담자 자신의 인종차별적 태도, 신념, 감정에 대해 인정하도록 한다.

③ 숙련된 다문화 상담자는 자신이 타인에게 미치는 사회적 영향에 대해 알고 있다. 의사소통방식의 차이를 이해하고, 의사소통방식이 다문화상담에서 어떻게 상담과정을 촉진하거나 방해하는지, 타인에게 미칠 수 있는 영향은 무엇인지 예측할 수 있어야 한다.

(3) 기술

① 숙련된 다문화 상담자는 다문화상담에 대한 이해와 효율을 증진시킬 교육적, 자문적, 훈련 경험을 찾아낸다. 자신의 역량의 한계에 대해 이해함으로써, 상담자는 ㉠ 자문을 구하고, ㉡ 추가적인 훈련과 교육을 찾고, ㉢ 검증된 전문가 혹은 자원을 참조하여, ㉣ 앞에서 언급한 것들을 종합적으로 맞물리게 한다.

② 숙련된 다문화 상담자는 지속적으로 스스로가 인종적, 문화적 존재임을 이해하려고 노력하고, 능동적으로 인종차별적이지 않은 정체감을 찾는다.

2) 내담자의 세계관에 대한 상담자의 인식

(1) 태도와 신념

① 숙련된 다문화 상담자는 내담자에게 부정적 영향을 줄 수 있는 다른 인종과 민족에 대한 부정적 감정과 반응을 인식한다. 숙련된 다문화 상담자는 자신의 신념과 태도를 다른 문화의 내담자들과 개인적 판단을 내리지 않고 비교해 보려고 한다.

② 숙련된 다문화 상담자는 다른 인종이나 소수 인종에 대해 가질 수 있는 자신의 편견과 선입견을 인식한다.

(2) 지식

① 숙련된 다문화 상담자는 자신이 상담하고 있는 특정 집단에 관한 구체적인 지식과 정보를 가지고 있다. 그들은 다른 문화적 배경의 내담자들이 살아온 경험과 문화적 전통, 역사적 배경에 대해 알고 있다.

② 숙련된 다문화 상담자는 인종, 문화, 민족 등이 성격형성과 진로선택, 심리적 장애의 발생, 도움 추구행동, 상담 접근의 적절성과 부적절성에 어떠한 영향을 미치는지 이해하고 있다.

③ 숙련된 다문화 상담자는 인종적, 민족적 소수자의 삶에 작용하는 사회정치적 영향에 대해 이해하고, 지식을 가지고 있다. 이주 문제, 빈곤, 인종주의, 편견, 무력감 등 모든 주요 상처는 상담과정에 영향을 미칠 수 있다.

(3) 기술

① 숙련된 다문화 상담자는 다양한 민족적, 인종적 집단의 정신건강과 정신장애에 대한 최신 연구물과 관련 연구에 익숙해져야 한다. 상담자는 자신의 지식, 이해, 다문화 기술을 촉진할 수 있는 교육적 경험을 적극적으로 찾아야 한다.

② 숙련된 다문화 상담자는 상담 장면 밖(지역사회 행사, 사회적, 정치적 기능, 기념식, 우정, 이웃 등)의 소수집단 사람들과 적극적으로 관계 맺는다. 그 결과 소수집단에 대하여 학문적 활동이나 조력활동 이상의 인식을 갖게 된다.

3) 적절한 다문화 개입전략

(1) 태도와 신념

① 종교적, 정신적 신념은 세계관과 심리사회적 기능, 호수문제의 표현에 영향을 미치기 때문에 숙련된 다문화 상담자는 문화적 속성과 금기를 포함한 내담자의 종교적, 정신적 신념과 가치를 존중한다.

② 숙련된 다문화 상담자는 소수집단 고유의 조력활동과 그들의 내적 조력체계를 존중한다.

③ 숙련된 다문화 상담자는 이중언어를 가치 있게 여기며, 다른 언어를 상담의 방해물로 보지 않는다(단일언어 사용이 오히려 문제가 될 수도 있다).

(2) 지식

① 숙련된 다문화 상담자는 상담과 심리치료의 고유한 속성(문화적 경계, 계급적 경계, 단일언어 사용)과 어떻게 그런 속성들이 다양한 소수집단의 문화적 가치와 충돌하는지에 관한 명확한 지식과 이해를 가지고 있다.

② 숙련된 다문화 상담자는 소수집단이 정신건강 서비스를 사용하지 못하도록 막는 제도적 장애물에 대한 의식을 가지고 있다.

③ 숙련된 다문화 상담자는 측정 도구의 잠재적 편견에 대한 지식을 가지고 있으며, 내담자의 문화적, 언어적 특성을 염두에 두고 절차와 해석을 사용한다.

④ 숙련된 다문화 상담자는 소수집단의 가족 구조, 위계, 가치, 신념에 대한 지식을 가지고 있다. 그들은 가족뿐만 아니라 지역사회의 특성과 지역사회의 자원에 대해 많은 것을 알고 있다.

⑤ 숙련된 다문화 상담자는 상담 서비스를 받는 사람들의 심리적 복지(psychological welfare)에 영향을 미칠 수 있는 사회적, 지역적 수준의 차별적 관행을 알고 있어야 한다.

(3) 기술

① 숙련된 다문화 상담자는 다양한 언어적, 비언어적 조력반응을 할 수 있다. 그들은 '정확'하고 '적절'하게 '언어적' '비언어적' 메시지들을 '주고받을' 수 있다. 숙련된 다문화 상담자는 도움을 위한 오직 한 가지 방법이나 접근에 매여 있지 않고, 조력방식이나 접근의 문화적 경계에 대해 인식한다. 자신의 조력방식의 한계와 잠재적 부적절함을 감지할 때, 부정적 영향을 예측하고 개선한다.

② 숙련된 다문화 상담자는 내담자를 대신하여 제도와 관련된 개입기법을 수행할 수 있다. 내담자들의 '문제'가 인종차별주의나 다른 편견에서 왔는지 결정하도록 도움으로써 내담자들이 문제를 부적절하게 개인화하지 않게 한다.

③ 숙련된 다문화 상담자는 문화적으로 다른 내담자를 치료하는 데 있어 적절하다면 전통적인 치료자, 종교적, 정신적 리더나 실천가들에게 자문을 구하는 것을 반대하지 않는다.

④ 숙련된 다문화 상담자는 내담자와의 언어(내담자가 원하는 언어)적 상호작용을 책임지며, 만약 이것이 불가능하다면 적절한 곳으로 의뢰한다. 상담자의 언어와 내담자의 언어가 맞지 않을 때는 심각한 문제가 일어난다. 이런 문제가 일어났을 경우 상담자는 ㉠ 문화적 지식과 적절한 전문적 배경을 갖춘 통역자를 구하거나, ㉡ 식견을 갖춘 역량 있는 이중언어 상담자에게 의뢰해야 한다.

⑤ 숙련된 다문화 상담자는 전통적인 진단과 검사 도구 사용에 전문

성을 갖추고 훈련을 받은 사람이다. 그들은 도구의 기술적인 측면뿐만 아니라 문화적 한계에 대해서도 이해하고 있어야 한다. 이를 통해 다양한 내담자들의 복지를 위하여 검사 도구를 사용할 수 있다.

⑥ 숙련된 다문화 상담자는 편견과 차별적 관행을 없애기 위한 작업에 주의를 기울여야 한다. 숙련된 다문화 상담자는 평가를 실행하고 개입을 제공함에 있어 사회정치적 맥락에 대해 인식하고 있어야 하며, 억압, 성차별주의, 엘리트주의, 인종차별주의 등 여러 이슈에 대한 민감성을 증진시켜야 한다.

⑦ 숙련된 다문화 상담자는 목표, 기대, 법적 권리, 오리엔테이션 등 심리적 개입과정에 대해 내담자에게 교육하는 것을 책임진다.

제 2 장

다문화가정 아동의 이해

이 장에서는 다문화가정 아동에 대한 전반적인 소개를 하고자 한다. 다문화가정 아동들이 처해 있는 상황과 겪게 되는 어려움을 구체적으로 알아보기 위해 세 가지 영역으로 나누어 설명할 것이다. 학업 영역, 대인관계 영역, 심리적 특성 영역에서 아동이 어떠한 특성을 보이고, 어떤 맥락에서 이러한 특성이 나타나는지 등을 구체적으로 기술한다. 이 장의 내용은 제4장부터 제시하는 상담 실제를 이해하고 수행하기 위한 기초 자료다.

제 2 장

다문화가정 아동의 이해

1. 학업 영역

1) 언어문제로 인한 학업의 어려움

다문화가정 아동이 겪는 학업에서의 곤란은 언어문제에서 출발하는 경우가 많다. 언어발달은 그 특성상 습득이 가장 용이하고 중요한 결정적 시기가 있다. 이 시기를 잘 활용한다면 아동은 쉽게 여러 종류의 언어를 습득할 수 있고, 결정적 시기를 놓치면 향후 언어습득에 어려움을 겪게 된다. 언어습득이 중요한 것은, 단순히 말을 하느냐 못하느냐의 차원을 넘어서서 사고력, 사회성, 자아개념 등 다른 영역의 발달에 영향을 미치기 때문이다. 언어는 사고의 수단으로 특정 사물을 표현하는 언어를 이미 알고 있는 경우, 새로운 자극을 기존의 것과 비교해서 차이를 발견하고, 개념을 분화해 나가는 과정이 일어난다. 이처럼 언어를 통해 개념을 습득하고 확산해 나가며 아동의 사고가 확장되고, 지능이 발달된다.

다문화가정 아동의 경우 언어발달에 지체를 보이는 경우가 적지 않다.

언어발달과정에서 준비된 촉진적인 환경을 경험하지 못한 경우가 많아, 아동의 언어발달이 또래집단과 비슷한 수준에 도달하지 못한다. 이로 인해 결국 다른 교과과목을 수월히 학습하지 못하게 되는 것이다. 또한 정확한 이해력과 의사전달능력의 부족은 학교생활 전반에 영향을 미치게 된다. 따라서 다문화가정 아동의 경우 언어문제로 출발하여 전반적인 학업의 어려움을 겪고 나아가 학교부적응에 놓이게 된다. 다문화가정의 형태에 따라 아동의 언어문제와 학업문제가 다르게 나타나는데, 그 내용을 살펴보면 다음과 같다.

↘ 국제결혼 가정　국제결혼 가정의 경우, 어머니가 외국인이고 아버지가 한국인인 경우가 많으며, 학력수준이나 사회경제적 지위가 상대적으로 낮은 경우가 많다. 또한 아동 양육을 주로 담당하는 어머니들은 한국생활 적응이나 한국어 습득을 하지 못한 상태에서 아이를 양육한다. 이러한 상황에서 아이들에게 촉진적인 언어발달환경을 제공하지 못하고 아이의 한국어 습득이 늦어질 수밖에 없다. 아이가 가장 많이 언어적으로 교류하고, 정서적으로 교감하는 어머니가 한국어에 익숙하지 않을 경우, 아동이 정확하고 적절하게 한국어를 사용하지 못하고 언어발달이 지연된다. 국제결혼 가정의 아동을 지도해 본 교사들이 공통적으로 지적하는 것은 한국어 발음이 어눌하거나 부정확하고 어휘력이 부족하다는 점이다. 물론 학업성적이 우수한 국제결혼 가정의 아동도 많지만 일반적으로 읽기, 듣기, 쓰기, 말하기 등 전반적인 영역에서 어려움을 겪고 있다. 이러한 어려움이 다른 교과에 영향을 미칠 수 있기 때문에 학년이 올라갈수록 전반적인 학업 영역에서 문제가 나타나게 된다.

↘ 외국인 노동자 가정　외국인 노동자 가정의 경우, 아동이 본국에서 생활하다가 입국하는 경우와 한국에서 태어나는 경우가 있다. 한국에

서 태어난 경우는 국제결혼 가정의 아동과 비슷하게 이중언어환경에서 적절한 언어발달을 하지 못하는 경우가 있다. 본국에서 한국으로 입국한 경우 새로운 언어를 습득하고 학업에 임해야 한다. 학업자체의 어려움뿐만 아니라 학교체계의 차이에서 오는 어려움도 함께 감수해야 하므로 더 많은 학업상의 문제를 겪게 된다.

↘ **새터민 가정**　새터민[1] 가정 아동의 언어문제는 다른 다문화가정 아동의 언어문제와는 약간 성격이 다르다. 남북한의 언어가 독특한 억양, 언어표현상의 미세한 차이, 외래어의 표기 등에 차이가 있어 정확한 표현이 쉽지 않아 학업에서 어려움을 경험하게 된다. 한편 다행인 것은 교사가 관심을 가지고 적극적으로 지도하면, 학생의 개인적인 노력과 친구들과의 교류를 통해 보다 빨리 정확한 한국어를 습득하게 된다는 것이다.

이상 다문화가정 아동의 언어발달지체로 인한 학업문제에 대해 살펴보았다. 언어발달은 아동의 향후 학업능력에 결정적인 영향을 미치기 때문에 반드시 조기개입이 필요한 부분이다. 언어문제에 조속히 개입함으로써 학업상의 문제를 조기예방하여 대처하는 것이 중요하다. 구체적인 개입방법은 제4장에서 제시한다.

2) 학업에 대한 부모 조력의 부족

아동의 공식적인 사회생활이 시작되는 것은 초등학교 시기다. 우리나

---

1) 경인교육대학교의 컨설팅 교재 시리즈에서 새터민 아동을 위한 도서가 따로 준비되어 있기 때문에 이 책에서는 새터민 아동 부분을 집중적으로 다루지는 않는다. 이 책에서는 새터민 아동을 포함하여 다문화가정 아동들이 보이는 일반적인 문제에 대해 접근하고 있다.

라에서는 '아이숙제는 엄마숙제'라는 말이 초등학교 저학년 부모들에게 흔히 회자되고 있다. 물론, 학교가 아이의 교육을 책임져야 하는 것은 앞으로 지향해야 하는 바이지만, 교육복지가 이루어지지 않은 현 학교교육의 현실상 부모의 참여는 불가피하고, 또한 현실로 나타나고 있다. 더군다나, 초등학생 시기의 교사와 부모 간의 원활한 의사소통과 교류는 아동의 학교적응과 성장에 필수적인 요소다. 따라서 학교와 가정에서 아동의 학업이나 생활에 관한 정보를 공유하고 함께 지도해야 한다. 그러나 대부분 다문화가정의 부모는 아이의 학교생활에 직접적인 관여를 하지 못하고 학교생활에서의 부모의 조력 역할을 잘 수행해 내지 못하는 것으로 나타나고 있다.

초등학교 시기, 특히 저학년 시기는 기본적인 학습습관을 형성하는 시기이므로, 매일 매일 숙제를 하는 일, 제시간에 일어나서 학교에 등교하는 일, 준비물과 책가방을 잘 챙기는 일 등을 규칙적으로 수행해서 습관화해야 한다. 이때 부모가 알림장을 매일 확인하고, 아이가 학업, 교우관계, 학교규칙을 지키는 일 등에서 어려움이 없는지를 잘 살펴서 학교생활에 적응하도록 하는 것이 매우 중요하다. 이것은 비단 향후 학습습관만이 아니라, 자존감, 자신감, 학업동기와도 밀접하게 연결되어 있다. 준비물 챙기기 등은 학교생활의 중요한 부분인데도 불구하고 다문화가정 부모는 그러한 조력을 제공하기가 쉽지 않다.

국제결혼 가정 자녀의 경우, 외국인 어머니가 한국어에 익숙하지 않은 경우가 많으며, 어머니가 한국문화나 한국학교문화에 익숙하지 않은 경우, 알림장을 보고도 무엇을 의미하는지 파악하지 못하는 경우가 있다. 특히 구체적 조작기 단계에 있는 저학년 아동은 발달단계의 특성상 체험을 통해 학습하는 면이 강하고, 학습준비물을 자주 챙겨야 하는 경우가 많다. 그런데 이러한 준비물을 부모가 제때에 준비해 주지 못할 경우, 아동은 그 시간을 허비하거나, 친구와 비교되면서 부적절감을 느끼고, 수업참여도 소극적인 모습을 보이게 된다. 외국인 노동자 가정이나 새터민 가정의 경우, 부모가 맞벌이하는 경우가 많아 아이의 교육에 세심한 관심을 갖기가 어렵다. 어머니가 일하는 경우, 아이의 준비물이나 학교생활에 관심을 갖기 어렵고, 각종 급식지도, 어머니회의에 참가하기가 쉽지 않다.

또한 다문화가정의 부모들은 한국의 교육시스템을 경험해 보지 못해서 학교문화에 대한 이해가 부족하다. 특히 사회적 체제가 다른 경우 이해하기 어려운 부분이 있어서 자녀의 학교생활전반에 걸쳐 부모의 이해와 참여가 부족하다. 그러나 다문화가정의 부모가 교육열이 떨어지는 것은 아니다. 다만, 현실적인 여건과 현 상황상 아동을 세심하게 챙겨 주기가 힘든 것이다. 이러한 상황에서 교사는 준비물 챙기기, 등교시간 잘 지키기, 숙제 지도하기, 알림장 체크하기 등의 조력역할을 수행할 수 있도록 다문화가정 부모들에게 쉽게 설명하고 그 중요성을 알려야 한다.

3) 다문화가정 아동의 학업적 강점

다문화가정의 아동은 여러 문화권에 노출되어 정체감 형성의 어려움을 겪지만, 여러 문화를 접해서 이해의 폭이 넓고 유연한 사고를 하게 된다는 장점도 갖고 있다. 국제결혼 가정자녀나 외국인 노동자 자녀의 경우, 부모의 모국어를 동시에 사용하는 경우가 많고, 다양한 문화에 대한 지식이 풍부하다. 새터민 아동의 경우 중국에서 생활하는 동안 중국어를 익힌 경우가 많고, 특히 이들은 어린 시절부터 다양한 경험을 통해서, 정신력과 성공에 대한 열망이 강한 편이다. 따라서 이들을 이해하고자 할 때, 한국문화와 한국어에 익숙하지 않고, 이로 인한 어려움이 있다는 부정적인 면만 볼 것이 아니라, 다양한 문화와 언어에 익숙하고, 유연한 사고를 가졌으며 다양한 문화에 개방적이라는 긍정적인 면을 함께 파악하는 것이 중요하다. 또한 이러한 부분을 상담과정에서 적극 활용할 필요가 있다.

↘ 국제결혼 가정　국제결혼 가정의 아동들은 어린 시절부터 적어도 두 가지 이상의 언어와 문화를 접하게 된다. 어머니가 완전히 다른 배경에서 성장했으므로 그 나라의 문화와 언어를 제대로 가르쳐 줄 수 있고, 언어습득의 결정적인 시기에 두 가지 언어를 함께 접할 경우, 두 언어를 동시에 습득하는 것도 가능하다. 또한, 부모의 나라를 방문하고 그 나라의 친척들과 교류하면서, 한국과는 전혀 다른 새로운 문화를 접할 수 있다. 자신과 다른 문화에 대해서 열린 마음을 갖게 되고, 유연하고 폭넓은 사고를 하게 된다. 이러한 문화적 배경과 경험이 글로벌 마인드를 촉진시키는 데 중요한 역할을 한다.

↘ 외국인 노동자 가정　외국인 노동자 가정의 아동들은 학교에서

교사와 친구들을 통해서 한국문화를 접하고, 부모를 통해 모국의 문화를 익히게 된다. 혹은 모국의 문화에 어느 정도 익숙한 상태에서 한국에 오기도 한다. 이 경우 서로 다른 두 문화권의 장점을 살릴 수 있고, 한국에 대한 긍정적이고 우호적인 태도를 가질 경우 향후 이들이 성장하여 국가간 교류에 중요한 역할을 담당할 것이다.

↘ 새터민 가정　새터민 가정 자녀는 중국을 거쳐서 남한에 입국하는 경우가 대다수다. 길게는 몇 년씩 중국에 머무르면서 아이들은 중국어를 익히고, 중국문화에 익숙해진다. 중국어는 현재 한국에서 영어 다음으로 가장 배우기를 선호하는 언어이므로, 이들이 중국어를 할 줄 안다는 것은 큰 장점이다. 그리고 이들은 중국에서의 불안정한 생활을 통해서, 강한 정신력과 인내력을 갖게 되는 경우가 많다. 수많은 어려움을 겪고 남한에 입국한 만큼 성공에 대한 열망도 강하다. 비록, 북한이나 중국에서 정규교육과정을 이수하지 못했기 때문에 학력이 뒤처지는 상태이지만, 이들의 강한 정신력이 적절하게 발휘될 수 있다면 충분히 회복 가능하다. 또한 남북한과 중국에서의 교육경험과 생활경험이 이들의 잠재력이 될 수 있기 때문에 향후 남북한문제나 동북아문제에 대한 선문가로서의 꿈을 키워 나갈 수도 있다.

다문화가정 자녀들이 많은 학업적인 어려움을 갖고 있는 것은 사실이지만, 동시에 다양한 측면의 강점이 있는 것도 분명하다. 이들의 자원을 지렛대 삼아 세계시민으로 성장하고 국제화 시대의 중요한 인재로 성장할 수 있도록 촉진하는 미래조망적인 시각이 필요하다.

2. 대인관계 영역

타인과의 관계는 아동의 성격형성과 향후 성장에 중요한 영향을 미친다. 이는 삶의 어려운 고비를 넘어가게 해 주는 힘이 되며, 더 나은 인간으로 성장하게 하는 원동력이 되기도 한다. 사회적인 존재인 아동은 부모나 교사, 특히 또래와 원만한 관계를 형성하고, 그들과 삶의 즐거움과 슬픔, 어려움을 나누면서 한 인간으로 성장한다. 특히, 초등학생 시기에 타인과 원만한 관계를 형성한 경험을 갖고 적절하게 의사소통을 할 수 있는 능력을 획득하는 것은 성공적인 삶을 꾸려 나가는 데 필수적이다.

1) 부모-자녀 간의 관계

부모와 자녀 사이에 발생하는 갈등 중 많은 경우가 세대차로 인한 이해부족에 기인한다. 고대문명인 수메르의 점토판에는 "요즘 젊은 것들은 어른을 공경할 줄 모르고 버르장머리가 없다. 말세다."라고 설형문자로 기록되어 있으며, 조선시대에도 "요즘 젊은 것들은 버릇이 없다."라는 기록이 있다고 한다. 세대 간의 갈등은 어느 시대에나 어느 정도는 있는 것이다. 그런데 다문화가정의 경우, 세대 간의 갈등과 문화 간의 갈등이 동시에 존재하기 때문에 더 심각하다고 볼 수 있다.

↘ 국제결혼 가정　국제결혼 가정의 경우, 어머니가 한국어와 한국문화에 익숙하지 않으므로, 자녀양육에 제3자가 개입하는 경우가 많다. 어머니는 자녀에게 한국어를 가르치거나 한국문화를 알려 줄 수 없으므로, 시어머니나 다른 가족구성원이 자녀양육의 주도자가 되고, 이러한 양육과정에서 몇 가지 관계적인 문제가 발생하게 된다. 첫째, 아동의 애착형성에 어려움이 생긴다. 주양육자가 어머니가 아닌 경우 아동은 적절한 애착형성에 실패하는 경우가 많다. 둘째, 가족의 위계가 무너질 수 있

다. 아동이 지적 호기심을 충족하는 과정에서 부모에게 많은 질문을 하게 되는데 부모입장에서 아동의 질문을 잘 대답하지 못하고, 아동의 학업지도를 수월하게 하지 못하면 아동은 부모를 무시하게 된다. 부모는 스스로 능력이 부족하다고 인식하게 되고 자신에 대해 수치심을 느끼면서 자녀에게 다른 방식(부적절한 방식일 가능성이 크다)으로 부모역할을 수행하게 된다. 이런 경우 부모의 훈육역할이 손상되고 가족의 위계질서가 무너지게 된다. 셋째, 부모와 아동은 각각 자신의 정체감으로 가족 내의 다문화적인 분위기를 형성하게 된다. 국제결혼 가정의 경우 아버지, 어머니, 자녀는 서로 다른 문화적 정체감을 형성하게 되는데 한국인, 외국인, 혼혈인이라는 정체감으로 한 가족을 구성하게 된다. 서로 다른 문화적 색깔로 어떻게 조화로운 가족 모습을 형성할지는 상당히 어려운 일이다. 이러한 가족 내의 문화적 차이를 극복하려는 노력이 부족할 경우 부부 간의 갈등과 부모–자녀 간의 갈등이 발생하게 된다.

↘ **외국인 노동자 가정** 외국인 노동자 가정에서는 부모 모두 한국문화에 익숙하지 않고, 오히려 성장기의 아동이 부모보다 한국어와 한국문화에 더 익숙한 경우가 많다. 아이들은 본국보다 발전된 한국의 경제적 환경에 쉽게 적응하고, 한국에서 계속 생활하기를 원한다. 그러나 부모의 입장에서는 한국에 일시적으로 거주하다 향후 본국으로 돌아갈 계획을 가진 경우가 많다. 이러한 과정에서 외국인 노동자 가정의 부모–자녀관계는 새로운 문제에 봉착하게 된다. 첫째, 서로 다른 문화정체감을 지향하는 경우다. 부모는 본국의 문화정체감을 주장하는 반면 아동은 한국생활에 익숙해지면서 한국인으로서의 정체감을 선호하게 된다. 상이한 문화정체감을 지향하는 과정에서 부모–자녀 간의 타협이 쉽지 않으며 갈등이 심해질 수 있다. 둘째, 국제결혼 가정과 마찬가지로 가족위계의 변화가 생길 수 있다. 부모의 경제적 활동의 변화, 양육역할의 변화,

아동의 지적 성장에 따라 새로운 가족구조와 가족위계가 형성될 수 있으며, 새로운 구조와 위계가 어떻게 기능하는가에 따라 새로운 갈등이 생길 수 있다.

↘ 새터민 가정 새터민 가정의 부모는 북한의 가치관과 문화에 익숙한 상태에서 입국하게 되고, 자녀는 학교나 미디어를 통해서 남한의 문화에 급속히 친숙해진다. 남한은 권위적이기보다는 자상하고 민주적인 아버지상이 강조되고 소비중심의 핵가족문화다. 그러나 북한은 아버지의 권위와 서열이 좀 더 중시되고, 남녀차별적이며, 공동체의식이 강하다. 이러한 경험의 변화로 인해 새터민 가정에서도 관계적인 문제에 직면하게 된다. 첫째, 새터민 가정의 아동들은 친구들의 부모와 다른 자신의 부모에 대해서 불만을 갖게 된다. 남한사회에서 제대로 인정받지 못하는 부모임에도 불구하고 가족 내에서는 권위적이고, 남녀차별적인 태도를 가진 것에 대해 불만을 표현한다. 다른 한편 부모 입장에서는 서구 자본주의 문화에 물들어 가는 자녀의 모습이 걱정스럽게 느껴진다. 부모와 자녀는 서로 다른 가치를 추구하면서 새로운 갈등을 경험하게 된다. 둘째, 새터민 가정의 경우도 마찬가지로 기존의 가족구조 및 위계와 관련하여 새로운 경험을 하게 된다. 남한사회에서 남편과 아내가 동등하게 일하고, 사회적으로 남녀차별이 존재하지만 북한사회와는 다른 형태나 다른 수준이기 때문에 부부간의 갈등과 부모-자녀 간의 갈등이 함께 복합적으로 존재하게 된다. 이러한 가족구조의 변화에서 가족구성원들은 새로운 과제에 직면하게 된다.

이상 다문화가정의 부모-자녀관계에서 공통적으로 야기되는 문제는 새로운 환경에서 부모가 자녀의 적절한 역할모델이 되지 못함으로써 존경받기가 어렵다는 점이다. 이것은 부모들이 인격적으로 부족하거나 문제가 있어서가 아니라, 새로운 문화에 적응해야 한다는 점에서 자신의 자녀와 동일선상에 있기 때문이다. 따라서 교사가 상담의 대상을 단지 아동만으로 국한할 것이 아니라, 필요한 경우 적극적으로 부모상담을 함께 진행하거나 부모에게 상담을 권유해야 한다.

2) 또래와의 갈등

초등학생들은 학교생활을 시작하면서, 마음에 맞는 친구를 사귀고, 때로는 의견차이로 다툼을 하기도 하면서, 타인과 더불어 살아간다는 것에 대해서 배우게 된다. 이 시기가 중요한 것은, 자신이 또래들에게 수용되는 경험이 아동의 자존감에 큰 영향을 미치기 때문이다. 그러나 다문화가정 아동들은 친구들로부터 받아들여지는 경험보다는 차별과 편견을 경험하게 되는 경우가 많다. 일반적으로 아동은 자신의 행동이나 존재를 내적 준거를 갖고 판단하는 것이 아니라, 타인의 반응을 보고 판단한다. 아동 스스로 다문화가정의 아동을 신기하게, 혹은 이상하게 생각하는 경우도 있지만, 많은 아동들은 자신의 부모로부터 그러한 부정적인 태도와 차별적인 시각을 갖게 된다. 일반 부모들이 다문화가정을 부정적인 시각으로 보거나 차별적인 태도를 취하는 경우, 자녀들도 부모의 태도와 가치를 받아들여 다문화가정의 아동을 부정적으로 대하고 차별하게 된다. 타인과 어떤 관계를 경험하는지에 따라 아동들은 자신을 판단한다. 다른 사람들이 자신을 받아들이고 좋아해 주면, 자신이 그럴 만한 사람이라는 생각을 갖고 스스로를 가치 있게 여긴다. 그렇지 않은 경우 다른 사람들이 자신을 함부로 대하거나 거부하면, 스스로를 부족한 사람으로 지각하게 된다. 자신이 부족한 사람이기 때문에, 상대방이 자신을 거부하는 것으로 여기는 것이다. 다문화가정 아동들이 또래관계에서 부정적인 피드백을 많이 받을 경우 관계상의 갈등뿐만 아니라 아동의 자아개념형성에도 많은 영향을 미치게 된다.

↘ **국제결혼 가정** 국제결혼 가정의 아동들의 경우 중국과 일본 혼혈아 외에는 외모가 한국 아동과 조금 다르다. 일반적으로 한국인은 백인에 대해서는 우호적이고, 흑인이나 유색인종에 대해서는 인종차별적인 성향을 가진다. 따라서 국제결혼 가정의 아동이 피부색이 다르거나 외모가 다른 경우 놀림의 대상이 된다. 또한, 아이가 어릴 경우, 어머니끼리 친하게 지냄으로써 자녀들이 친구가 되는 경우도 많은데, 국제결혼 가정의 경우 어머니가 외국인이므로, 다른 부모와 교류하는 경우가 드물어 취학 전 친구를 사귈 기회가 적다. 학교에 들어간 이후에도 일반 부모들이 다문화가정 아동의 학업성적이 낮고 특이한 부분이 있다고 자신의 자녀에게 "그런 애들이랑 놀지 마라."라는 말을 쉽게 한다. 다문화가정 아동들은 이러한 차별적인 상황에서 고립되기 쉽다.

↘ **외국인 노동자 가정** 외국인 노동자 가정의 아동의 경우 역시 국제결혼 가정의 아동과 비슷한 어려움을 겪고 있다. 다른 외모나 의사소통의 어려움, 낮은 학업성적으로 인해 주변 학생과 부모의 차별적인 대우를 받게 된다. 또한 외국인 노동자 자녀의 경우는 부모의 불안정한 직장이동이나 잦은 이사로 인해 학교를 자주 옮기거나 안정된 거처가 없는 경우도 있다. 따라서 시간적으로나 공간적으로 많은 제약이 따르고 이로 인해 친구를 사귀기가 더 어려워진다. 적극적이고 자신감 있게 또래에게 다가가기보다 자신과 비슷한 처지의 소수의 친구들과 교류하게 된다. 특히, 부모의 신분이 불법체류자인 경우 향후 문제가 될 것을 우려해서, 학교에서 자신의 신분을 숨기고 또래들과 거의 관계를 맺지 않는다. 이러한 독특한 생활경험 때문에 아동들은 소극적으로 학교생활을 하게 되고, 수동적인 태도로 교우관계를 맺게 된다.

↘ **새터민 가정** 새터민 가정의 아동들은 입국 초기에 북한 사투리와 억양, 외래어 지식 부족으로 인해서 말하기를 어려워하고, 의사소통에 어려움을 경험한다. 그러나 시간이 지나면서, 언어를 빠른 속도로 습득하여 이러한 문제를 극복하게 된다. 신체적 외모는 영양부족으로 또래보다 키가 작고, 몸집이 왜소한 것 외에는 크게 문제가 되지 않는다. 따라서 국제결혼 가정이나 외국인 노동자 가정의 아동들에 비해 친구를 사귀기에는 유리한 입장이다. 새터민 가정 아동의 장벽은 나이, 학업수준, 그리고 생각의 차이로 볼 수 있다. 탈북과정에서 제3국에 머무르면서 교육을 제대로 받지 못해 학습결손이 심해 대부분 또래보다 낮은 학년에 배정받게 된다. 이 경우 인지발달수준이 다르고, 동생들과 공부한다는 점에서 자존심이 상해서 학교생활에 적응하기 어려워한다. 또한, 학습결손이 심한 경우 낮은 학년에서도 여전히 학업을 따라가기가 어려운 상황에 처해 있다. 따라서 일부 새터민 가정의 아동은 학교에 적극적으로 도움을 요청하는 것보다 학교를 이탈하여 검정고시나 대안학교 등을 택하게 된다. 생각의 차이는 남한학생들과 가치관의 차이로 볼 수 있다. 북한의 집단주의적 문화와 대조적으로 남한 학생들이 여리고, 이기적이며, 물질을 중시한다고 여기고, 마음을 터놓기를 어려워한다. 또한 새터민 가정은 사회정착단계에서 경제적으로 어려운 경우가 많고, 이는 자신감을 잃게 하여, 교우관계를 더 어렵게 만들기도 한다.

다문화가정 자녀의 또래관계 형성에 공통적으로 영향을 미치는 것은 다른 학생들과의 '다름'이다. 외모가 다르고, 의사소통 방식이 다르고, 생각이 다르고, 경제형편이 다른 것은 이들을 위축시키고, 이질감을 느끼며 자신감을 잃게 한다. 이러한 '다름'은 물론 바뀔 수 있는 것도 있지만, 지금 상황으로서 변화불가능한 면이 더 많다. 따라서 다문화가정 아동을 상담할 때는 이 '다름'에 대한 인지적인 변화를 촉구하고 다른 것이

틀린 것, 나쁜 것과는 별개의 문제라는 것을 가르쳐야 한다. 이에 대한 구체적인 개입전략은 제4장에서 다루고 있다.

3. 심리적 특성

초등학생 시기는 세상을 바라보는 나름의 안경을 만드는 시기다. 이때 아동은 수많은 기쁨과 좌절을 경험한다. 그 과정에서 자신이 친구들이나 교사에게 어떻게 보이고, 어떻게 받아들여지는지 상대방의 반응을 통해, 자신에 대한 자아개념을 형성하고, 세상에 대한 신뢰를 형성한다. 이 세상이 믿을 만한 곳인지, 학교가 믿을 수 있는 곳인지, 친구를 믿을 수 있는지를 판단하게 된다. 다양한 경험을 통해 세상을 믿을 수 있다고 판단한다면 안정감을 갖게 되고, 자신감을 갖고 주도적으로 생활하게 되며, 이것은 스스로에 대한 신뢰로 나타나게 된다. 초등학생 시기 심리적 발달이 중요한 것은 이 시기가 세상에 대한, 자신에 대한 관점을 형성하는 시기이기 때문이다. 다문화가정 아동의 심리적 특성을 이해하는 것은 위와 같은 맥락에서 매우 중요한 일이다. 특히, 다문화가정 아동들이 경험하고 있는 심리적 곤란은 정체감 혼란, 낮은 자아존중감, 불안, 심리적 외상, 문제행동 표출 등으로 요약될 수 있다. 여기에서는 상담자가 알아야 할 다문화가정 아동의 심리적 고충에 대해 살펴볼 것이다.

1) 정체감 혼란

자아정체감(ego-identity)은 한마디로 '나는 누구인가'에 대한 답이다. 끊임없이 변화하는 주변 환경과 계속해서 선택해야 하는 삶 속에서, 스스로의 능력, 관심사, 인생관, 가치관에 대해서 통합된 관념을 갖는 일은 매우 중요하다. 자신이 어떤 사람이고 어떻게 인생을 살아갈 것인지에 대한 개념이 형성되지 않는다면 과연 어떤 인생을 살 것인지 막막하고 혼란스러울 것이다. 자신을 아는 것이 이토록 중요한데 다문화가정 아동들의 경우는 어떠한가? 일반적으로 아동은 의미 있는 타인의 일관성 있는 반응과 주변 환경의 영향을 받으면서 정체감을 형성해 나가는데, 다문화가정 아동의 경험은 긍정적이지 않을 수 있다. 그들은 눈에 띄는 외모로 타인의 부정적인 피드백을 받는 경우가 있고, 어린 시절부터 다양한 문화적 환경에 노출되어 심한 혼란을 느끼는 경우도 있다.

↘ 국제결혼 가정　국제결혼 가정 아동의 경우, 스스로를 한국인으로 규정하는 경우가 많다. 한국에서 태어났고, 부모 중의 한 명이 한국인이며, 한국어를 가장 많이 접하기 때문이다. 국적으로 볼 때도 이들은 분명 한국인이다. 그러나 문제는 주변 사람들이 그들을 한국인으로 바라봐 주지 않는 것에서 비롯된다. 한국인은 전통적으로 '단군의 자손이며 단일민족'이라는 민족의식을 갖고 있고, 한국인은 모름지기 이러저러하게 생겨야 한다는 선입관을 뿌리 깊게 갖고 있다. 따라서 이국적인 외모나 문화의 한국인은 낯선 존재인 것이다. 스스로는 한국인으로 생각하지만, 주변에서 그렇게 봐 주지 않는 현실에서 국제결혼 가정의 아동은 '과연

내가 누구인가? 나는 어느 나라 사람인가?'라는 물음을 갖게 된다. 한국인이 아니라고 한다면, 국제결혼 가정의 아동은 어머니의 나라를 조국이라고 생각해야 하는데, 그러기에는 그 나라에서 살지도 않을뿐더러, 그 나라의 언어와 문화도 익숙하지 않다. 즉, 속은 한국인인데, 겉모습은 외국인인 것이다. 스스로 규정하는 자신에 대한 이미지(한국인)와 타인이 바라보는 이미지(외국인) 사이에서 이들은 어느 곳에서도 받아들여지지 않는다는 소외감과 혼란스러움을 느낀다.

↘ **외국인 노동자 가정** 외국인 노동자 가정 아동의 정체감 혼란 문제는 그 양상이 조금 다르다. 한국은 속인주의 원칙에 따라서 국적을 결정한다. 따라서 한국에서 태어났다고 하더라도, 부모가 외국 국적이라면, 한국 국적을 취득할 수 없다. 외국인 노동자 가정의 자녀들은 어디에서 태어났는지에 상관없이 한국인이 아니다. 한국에서 태어난 자녀들은 한국에서 태어나고 자랐기 때문에 본국보다 한국문화와 한국어에 더 익숙하지만 이들에게 한국은 다른 나라일 뿐이다. 국적은 외국이지만, 실제로 그 나라의 언어와 문화를 잘 알지 못하고, 오히려 한국어와 한국문화에 익숙한 상황은 아동의 정체감 형성에 큰 혼란을 준다. 또한, 외국인 노동자의 경우는 어디까지나 한국에 일시적으로 체류하는 사람들이며 정해진 기한이 지나면 떠나야 한다. 아동들에게 언젠가는 한국을 떠나서 전혀 새로운 곳으로 가야 한다는 사실은, 한국생활에서도 안정감 있게 정착하지 못하게 만든다. 부모가 불법체류자인 경우 아동의 신분은 더욱 불안해지고 사회적 노출조차도 두려운 일이 된다. 부모가 가진 불안과 불안정성은 아동에게 그대로 전달되어, 아동의 삶도 역시 불안정하게 되어, 이 과정에서 확고한 정체감을 형성하기가 쉽지 않다.

↘ **새터민 가정** 새터민 가정의 아동들이 학교에서 만나는 학생들

은 북한이나 새터민에 대해서 제한된 정보만을 갖고 있으며, 구체적인 상황이나 사연에 대해 잘 알지 못한다. 따라서 또래들은 단순한 호기심으로 열악한 경제 환경에 초점을 두어 관심을 표현하며, 북한에 대해서 부정적인 인식이나 편견을 갖고 있는 경우도 많다. 이것은 비단 또래뿐 아니라 교사들에게도 적용되는데, 일단 북한출신이라고 하면, 뭔가 학습능력이 부족하고, 경제적으로도 넉넉하지 않을 것이라는 편견을 갖고 대하게 된다. 이러한 주변의 반응은 새터민 가정 아동으로 하여금 스스로를 북한출신이라고 소개하지 않고 '한국아이'로 살아가기를 선택하도록 한다. 이 경우 아동은 학교생활에서 자신의 본 모습을 숨겨야 하며, 형식적인 교우관계를 맺게 된다. 이렇게 비밀을 간직하는 것은 자신의 배경이 사회적으로 용납되지 않는 것으로 인식되어 학교적응에 좋지 않은 영향을 미친다. 북한이 비록 경제적으로 구성원들을 풍족하게 해 주지 못하고, 여러 나라를 떠돌며 갖은 고생을 하게 한 국가라고 할지라도, 그들에게는 소중한 조국이고, 자신의 고향인 것이다. 그것을 숨겨야 하는 상황에서, 이들은 양가감정에 휩싸이며 정체감 혼란을 겪게 된다.

정체감이 잘 형성되지 않았다는 것은 스스로에 대해서 동합되고 안정된 느낌이 부족하다는 뜻이며, 이는 변화하는 세상을 살면서 끊임없이 흔들려야 함을 의미하기도 한다. 삶에서 경험해야 하는 수많은 난관과 선택의 순간에 스스로에 대한 확신이 부족하다면, 그 삶은 끊임없는 방황과 고민일 것이다. 따라서 다문화가정의 아동과 부모의 정체감 형성의 중요성을 명확하게 인식하고, 상담에서 중점을 두어야 할 부분이다.

2) 낮은 자기존중감

자기존중감은 한마디로 '자기 자신을 어떻게 평가하고 좋아하는지'에 관한 것이다. 스스로에 대해서 비록 완벽하지는 않지만, 그래도 괜찮은 사람이라고 생각하고, 자신을 긍정하고, 수용하는 것이다. 이것은 타인을 수용하고, 더불어 살아가기 위한 바탕이 된다. 자신을 좋아하지 않는 사람이 타인을 좋아하고 수용하기란 어려운 일이기 때문이다. 그렇다면, 아이가 처음 접하는 사회적 환경인 학교에서 '자기존중감'은 어떠한 형태로 표현되고 길러지는가? 초등학교에 갓 입학한 아이에게 학교는 미지의 공간이다. 호기심이 많고 적극적인 아이에게는 즐거운 놀이터가 되지만, 방어적이고 실수를 두려워하는 아이에게는 괴로운 공간이 된다. 이것을 결정짓는 것은 아이가 가진 스스로에 대한 믿음이다. 작은 실패를 경험했을 때, 그것을 자신에 대한 부정으로 귀인하지 않고, 변화 가능한 외부적 요인에 귀인할 수 있는 것은 자신에 대한 긍정, 스스로에 대한 믿음에서 나온다. 또한, 그것이 있어야, 인생에서 실패 경험에도 불구하고, 노력을 지속할 수 있는 것이다. 안타깝게도 우리와 함께 살고 있는 많은 다문화가정의 아동들은 학교 경험을 통해 오히려 낮은 자기존중감을 형성하게 된다.

↘ 국제결혼 가정　국제결혼 가정 아동의 경우 성격특성으로 내성적이거나 우물쭈물하며 자신감이 없고 소극적이라는 평가를 받게 된다. 이러한 소극성은 언어문제, 신체적 외모, 부모의 낮은 사회경제적 지위 등에서 나오는 것으로 보인다. 자신의 신체적 · 언어적 특성과 사회적 환경에 의해 아동들은 주눅 들게 되고, 또래와 교사와의 관계에서 자신감 없는 태도를 나타낸다. 정확하지 않은 발음이나 언어표현, 친구들의 놀림, 교사의 차별, 친구들과 다른 자신의 외모, 자신의 어머니가 다른 어머니들과 다르다는 점 등을 민감하게 지각할 경우, 아동도 자신의 존재 자체에 부끄러움을 느낄 수 있다. 이 경우 아동은 스스로를 긍정하기 힘들고, 타인의 시선(놀림)으로 자신을 바라보게 되며 자존감이 낮아지게

되는 것이다.

↘ **외국인 노동자 가정** 외국인 노동자 가정 아동의 외모 문제는 국제결혼 가정의 아동이 겪는 문제와 유사하다. 이와 더불어 외국인 노동자 가정의 아동은 한국에 사는 하층 근로자라는 면도 있다. 즉, 같은 교실에서 같은 선생님의 수업을 들으면서 공부하지만 이들은 어디까지나 자신의 의사와 관계없이 이방인인 것이다. 이것을 더욱 부각시키는 것은 민족주의적인 정서가 배어 있는 교육과정이다. 주변 나라와 역사적으로 좋지 않은 감정이 있기 때문에 해당 교과내용이 나오면 어린 학생들은 주변에 있는 다문화가정의 아동을 비난하며 부모의 나라로 가라고 거부하는 반응을 보이기도 한다. 더불어 문제가 되는 것은 경제적인 상황이 좋지 않은 나라에 대한 천시다. 금전적인 가치를 중요시하는 한국 사회에서 경제적으로 후진한 나라는 아무리 다른 부분이 앞서 가더라도 낙후된 나라로 생각하고 그 국민들은 못난 사람으로 생각하는 경우가 있다. 아직 가치관이 확립되지 않은 어린 다문화가정의 아동들은 주변의 곱지 않은 시선으로 인해 부적절함을 느끼고 위축된 모습을 보이게 된다. 자신의 출신 국가에 대해서 자신감과 사랑스러움을 갖지 못한 아이들은 자신에 대해서도 부끄럽게 생각하기 쉽다.

↘ **새터민 가정** 새터민 가정의 아동 중 대부분은 북한에서 태어나 어느 정도 생활하다가 한국에 입국한 경우다. 이들은 남북한의 다른 사회적 이념으로 인해 또래들과 이질감을 느끼게 된다. 새터민 가정의 아동들은 자신의 '민족관 · 통일관'이 남한 학생들과 다르다는 것에 놀란다. 북한은 남한보다 공동체의식, 민족의식이 훨씬 강하고 통일을 민족의 염원이자 모든 국민의 과제로 받아들인다. 이에 반해 남한의 학생들은 통일을 당위성보다는 실용적이고 경제적인 면으로 바라본다. 또한 남

한의 학생들은 통일에 대한 관심이 부족하고 자신의 일이라고 생각하지 않는다. 경우에 따라서, 통일을 별로 바라지 않는 태도를 취하기도 한다. 새터민 가정의 아동은 남한에 대한 기대로 어려운 탈북 과정을 견뎠는데 오히려 와서 경험해 보니 환영받지 못하고 차별받는 처지가 된 것이다. 이 과정에서 남한과 북한에 대해 모두 부적절감을 갖게 된다. 이것은 아동을 위축시키고, 스스로를 긍정하기 어렵게 만들며, 자신감 없는 태도를 갖게 한다. 다른 한편 새터민 가정들은 갑작스런 환경적 변화를 경험하면서 자본주의 문화를 접하게 된다. 특히 아동의 경우 건전한 가치판단기준이 형성되지 않은 상태에서 무엇이 옳고 그른지, 무엇을 어떻게 하는 게 맞는지를 정확하게 터득하지 못하였다. 이런 혼란 속에서 자신을 긍정하고 소중히 여기기는 더욱 어려운 것이다.

아동이 세상을 살아가면서, 스스로를 믿고, 긍정하며, 괜찮은 사람이라고 여기는 것은 매우 중요하다. 다문화가정의 아동들은 여러 가지 복합적인 상황에서 본의 아니게 어려움을 겪고 자신을 비하하며 또래와 이질감을 느끼고 자신의 가치를 부정하게 된다. 이러한 다문화가정 아동의 문제는 상담에서 빈번하게 다루어지는 문제이므로 주목할 필요가 있다.

3) 불안과 스트레스

불안은 불확실한 결과를 가져오는 상태에 대한 불편한 감정과 염려다. 물론 적절한 수준의 불안은 집중도와 일의 능률을 높이기도 하지만, 부적절하게 나타날 경우는 자신의 역량을 제대로 발휘하지 못하게 된다. 작은 일에도, 그리고 대상이 분명하지 않음에도 과도하게 두려움을 느낀다면, 적극적으로 앞으로 나아가기보다 방어적으로 행동하기 쉽다. 또한 예측이 불가능한 상태에서 두려움과 걱정이 생길 수가 있는데, 다문화가정 아동의 경우 이런 불확실성에 기인한 불안을 많이 느낀다. 이 세상이 안전하다는 느낌이 부족하기 때문에 불안을 느낄 수밖에 없다. 불안뿐만 아니라 다양한 부정적인 경험으로 인해 다양한 심리적인 스트레스를 경험하게 된다.

↘ 국제결혼 가정 국제결혼 가정의 아동들은 자신이 다른 친구들과 다르다는 데에서 괴리감과 부적절함을 많이 느끼게 된다. 또한 낮은 학업성취, 친밀한 교우관계의 부재, 사회적인 편견과 차별, 이런 다양한 경험에서 주변의 시선을 의식하고 또래와의 상호작용에서 수치심을 느낀다. 자신의 내적 욕구가 충족되지 않을 때 분노와 억울함 등 감정을 느끼게 되고 심지어 공격적인 행동으로 자신의 감정과 욕구를 표출하기도 한다. 국제결혼 가정의 아동들은 출생을 포함한 삶의 많은 영역에서 심리적인 스트레스를 느끼게 된다.

↘ 외국인 노동자 가정 외국인 노동자 가정은 합법적으로 체류하는 경우와 그렇지 않은 경우가 있다. 합법적이든 그렇지 않든 외국인이라는 신분은 삶의 안정감을 주지 못한다. 사회문화적으로나 행정적으로 자유롭지 않은 한국 사회는 외국인에게 불편과 불안을 줄 수밖에 없다. 특히 체류기간을 넘어 불법체류자가 되는 외국인 노동자 가정은 가족 모두 안정적인 삶을 살기 힘들고 심한 불안을 경험하거나 도덕적 규범을 무시하는 태도와 행동을 취하게 된다. 초등학생의 경우 규칙을 지키는 것을 중요하게 여기고, 옳고 그름의 판단기준이 발달하는 시기인데, 부모의 이런 모습은 부정적인 영향을 미치게 된다. 인습적 도덕수준단계에 있는 아동들은 절대적인 존재인 부모가 법을 어기고, 경찰을 피해야 한다는 것을 어떻게 수용할지 혼란스러워한다.

↘ **새터민 가정** 새터민 가정의 아동의 경우도 외국인 근로자 가정의 아동과 비슷한 불안증상을 나타낸다. 원인은 크게 두 가지로 볼 수 있는데, 하나는 북한에서 겪은 기아와 고난, 가족의 죽음과 이별, 목숨을 걸고 탈북하여 중국에서 불법체류하다 겪었던 극심한 공포 등이다. 제3국을 전전하여 수차례 사경을 헤매는 경험은 우리로서는 상상하기 어려울 정도다. 그 결과로 많은 새터민들은 외상후 스트레스 장애(PTSD)를 겪게 되고 불안을 포함한 다양한 증상을 보이게 된다. 또 하나의 원인은 낯선 문화를 가진 남한으로 이주해 와서 앞으로 어떻게 생활해 나갈 것인가에 대한 막막함과 두려움이다. 북한에서는 국가차원에서 통치하고 인력을 배치하기 때문에 집단적인 문화 속에서 개인의 의지가 별로 중요하지 않았다. 그러나 보다 자율적인 남한사회에서는 어디에 가서 무엇을 하고 살까, 친구를 사귈 수 있을까, 공부를 따라가고 진학하고 장차 취직을 할 수 있을까 등 미지의 상황에 대한 불안이 이들을 사로잡고 있다. 부모들조차 이런 불안에 휩싸여 있기 때문에 아동들은 더욱 불안이 가중된다고 볼 수 있다. 따라서 새터민 가정의 아동들은 일반 다문화가정의 아동보다 불안이나 외상 후 스트레스 수준이 높고 이에 대한 전문적인 지도와 개입이 필요함을 염두에 두어야 한다.

아동이 가진 심리적인 특성은 그 아이의 삶의 날씨라고 볼 수 있다. 심리적으로 불안한 아이는 어둡고 우중충한 날씨 속에서 살고, 정서적으로 건강한 아이는 화창한 날씨 속에서 생활하는 것이다. 아동의 경우, 스트레스나 불안에 특히 취약하여 이에 많은 영향을 받으나, 이때 교사가 조기개입을 한다면 그 효과가 크고 개입에 요하는 시간도 짧을 것이다. 이 시기 초등교사의 생활지도 및 상담활동의 중요성은 여기에 있다.

4) 문제행동의 표출

지금까지 살펴본 바와 같이 다문화가정 아동의 경우 그들의 다양한 특성이나 상황으로 인해 여러 가지 심리적 문제를 경험하게 된다. 이러한 심리적인 문제는 문제행동이라는 형태로 표현될 때 비로소 문제로 지각되는 경우가 적지 않다. 자신의 문제나 어려움을 언어로 표현하기 어려워하는 시기인 초등학생의 경우, 문제행동을 보이기 전까지 교사나 부모가 그 아동의 심리적 문제를 알아차리지 못하는 경우가 많다. 특히, 위축되어 있고 말이 서툰 다문화가정의 아동의 경우에는 더욱 그렇다. 따라서 다문화가정 아동의 다양한 심리적 문제를 행동적인 측면에서 재조명해 보아야 한다. 다문화가정 아동이 표출하는 행동적인 문제는 크게 세 가지 면에서 살펴볼 수 있다.

첫째, 산만한 학습태도다. 많은 다문화가정의 아동이 수업시간에 교사를 응시하지 않고, 책에 그림을 그리거나, 다리를 떨거나, 창밖을 바라보는 등 수업의 흐름과 관계없는 행동을 한다. 그 원인은 다양하게 살펴볼 수 있는데, 일단 아동의 언어발달이 느려서 수업내용이나 교사의 지시를 잘 이해하지 못하기 때문에 수업에 집중하지 못하는 경우가 가장 많다. 이것이 반복되면서 학습에 대한 흥미가 떨어져 산만한 학습태도는 더욱 심해진다. 또한 학습부진이 고착화된 것이 원인일 수도 있으며, 아이의 불안이 신체적으로 표현된 것일 수도 있다.

둘째, 친구들과의 관계에서 나타나는 부적응 행동이다. 다문화가정 아동들은 원만한 교우관계를 형성하지 못하는 경우가 있는데, 이는 쉬는 시간이나 점심시간에 혼자서 놀거나, 조별과제 활동에서 소외되는 형태로 나타난다. 아동의 언어발달이 느려 친구들과의 의사소통에 어려움이 있는 경우가 있고, 성격이 내성적이고 소극적이어서 먼저 다가가지 않기 때문이기도 하며, 친구들의 놀림과 따돌림으로 인해서 위축되었기 때문이기도 하다. 교우관계에서 적절한 자기표현을 하지 못하는 경우 공격적인 특성을 보이는 학생들도 있다. 예를 들어, 공을 친구의 얼굴에 던진다든지, 심한 욕을 하면서 격렬히 싸운다든지, 뜻대로 되지 않으면 바닥에 누워서 뒹굴며 소리를 지른다든지 하는 행동들이 가끔씩 일어난다. 다문화가정의 아동들이 자신의 욕구를 적절한 방법으로 표현하지 못하고 공격적인 행동이나 위축된 모습, 또는 수동공격적인 행동으로 표출할 때, 바람직하지 못한 행동을 비난하기보다는 좌절된 욕구를 먼저 탐색해야 할 것이다.

셋째, 학교규칙에 어긋나는 행동을 함으로써 나타나는 문제다. 예를 들어, 과제를 해 오지 않는다든가, 수업준비물을 가져오지 않거나, 학교에 지각하는 일 등이다. 이것은 부모가 생활에 바쁘거나, 한국의 학교사정을 잘 모르거나, 혹은 알림장의 내용을 이해하지 못해서 발생하는 경우가 많다. 또한, 경제적으로 사정이 어렵기 때문일 수도 있고, 아동의 기본생활습관이 형성되지 않았기 때문일 수도 있다.

제 3 장

다문화가정 아동의 성장환경

이 장에서는 다문화가정 아동의 성장환경에 대해 알아볼 것이다. 제2장에서 제시한 특성을 보다 구체적으로 환경적 측면에서 이해하고자 한다. 다문화가정 아동들이 겪게 되는 어려움이 대부분 환경적, 사회적 영향에서 출발했기 때문에 성장환경에 대한 이해가 매우 중요하다. 이 장에서는 가정환경과 교육환경으로 나눠서 기술한다. 여기에서는 사회적 환경을 따로 구분하지 않고 교육환경의 큰 범주 안에서 살펴볼 것이다.

제 3 장

다문화가정 아동의 성장환경

1. 다문화가정 아동의 가정환경

1) 국제결혼 가정의 현황

우리나라에서의 국제결혼 비율은 최근 지속적으로 상승하여 2007년에는 전체 결혼 중 11.1%가 국제결혼으로 나타났다(〈표 3-1〉). 2000년대 이후 국제결혼 비율이 증가하기 시작한 것으로 볼 때, 2000년대에 태어난 다문화가정의 아동들이 이제 학령기에 접어들어 초등학교에 진학하고 있음을 알 수 있다. 또한 국제결혼 건수의 경우 농촌 남성의 국제결혼율은 13.4%, 도시 남성은 7.4%(농촌진흥청, 2008)로 농촌지역의 국제결혼율이 도시지역보다 훨씬 높은 것으로 나타났다. 국제결혼 가정의 여성 국적을 살펴보면, 중국, 베트남, 캄보디아, 일본, 필리핀, 몽골, 태국 등 아시아 국가의 비율이 높다(〈표 3-2〉). 금명자 외(2006)의 연구에 따르면, 어머니의 인종유형에 따라 다문화가정 아동의 국가소속감은 다르게 지각될 수 있고, 다문화가정 청소년 중 자신을 '한국인' 및 '한국인과 외국인 모두'라고 생각하는 경우가 있는 것으로 나타났다. 특히 아시아계 어머니를 둔 청소년 60% 이상이 스스로를 '한국인'이라고 생각하고, 다른 사람들도 자신을 '한국인'이라 여긴다고 보고하였다. 다문화가정 아동은 정체감 혼란을 느끼며, 어머니(아버지)의 출신국을 부정하거나 거부하는 상황에서 조화롭지 못한 이중문화를 경험하며 성장하는 경우가 많다.

〈표 3-1〉 국제결혼 현황(통계청, 2007)

		2000	2001	2002	2003	2004	2005	2006	2007
총 결혼 건수		334,030	320,063	306,573	304,932	310,944	316,375	332,752	345,592
국제 결혼	건수	12,319	15,234	15,913	25,658	35,447	43,121	39,690	38,491
	구성비(%)	3.7	4.8	5.2	8.4	11.4	13.6	11.9	11.1
외국인 아내	건수	7,304	10,006	11,017	19,214	25,594	31,180	30,208	29,140
	구성비(%)	2.2	3.1	3.6	6.3	8.2	9.9	9.1	8.4
외국인 남편	건수	5,015	5,228	4,896	6,444	9,853	11,941	9,482	9,351
	구성비(%)	1.5	1.6	1.6	2.1	3.2	3.8	2.8	2.7

〈표 3-2〉 여성 결혼 이민자의 국적(보건복지가족부, 2007)

중국	베트남	캄보디아	일본	필리핀	몽골	태국	미국	기타	계
14,526	6,611	1,804	1,665	1,531	745	531	377	350	29,140

2) 국제결혼 가정의 부부갈등

다문화가정의 경우 부부간 문화적 차이, 언어장벽, 자녀양육 태도, 경제적 문제 등으로 인하여 일반 한국인 가정보다 부부갈등의 정도가 상대적으로 높은 편으로, 다문화가정의 이혼율 역시 빠른 속도로 증가하고 있다. 2007년의 총 이혼 건수 중 외국인 부부의 이혼율은 7.1%로 나타났으며 전년도 대비 40.6%의 증가율을 보여 외국인 부부의 이혼율이 급증하고 있음을 알 수 있다(〈표 3-3〉). 가파른 이혼 증가율에 의해 머지않아 한 부모 다문화가정의 문제가 중요한 이슈로 부각될 수 있다.

〈표 3-3〉 **한국인과 외국인 부부의 이혼**(보건복지가족부, 2008) (단위: 건, %)

	2002	2003	2004	2005	2006	2007
총 이혼 건 수	145,324	167,096	139,365	128,468	125,032	124,590
외국인과의 총 이혼	1,866	2,164	3,400	4,278	6,280	8,828
총 이혼 대비 구성비	1.3	1.3	2.4	3.3	5.0	7.1
증감	–	298	1,236	878	2,002	2,548
증감률	–	16.0	57.1	25.8	46.8	40.6
한국인 남편+외국인 처	401	583	1,611	2,444	4,010	5,794
증감률	–	45.4	176.3	51.7	64.1	44.5
한국인 처+외국인 남편	1,465	1,581	1,789	1,834	2,270	3,034
증감률	–	7.9	13.2	2.5	23.8	33.7

다문화가정의 갈등은 배우자의 성격문제갈등과 경제적 문제갈등이 가장 심각한 것으로 나타났다(김진희, 박옥임, 2008). 특히 국제결혼의 경우 경제문제, 역할과 역할기대의 불일치, 일방적인 한국문화에 대한 강요, 간섭과 통제, 사회적 편견, 연령차 등으로 인해 부부갈등이 유발된다(박경동, 2007). 국제결혼 이주여성의 경우 주로 경제적 이유로 인해 국제결혼을 결심하게 되고, 국제결혼으로 인해 이러한 경제적 문제를 해결할 수 있으리라는 기대를 가지고 있는 경우가 많으나, 한국인 남편 역시 경제적 취약층에 해당하여 해소되지 않는 경제적 문제가 부부갈등의 주요 요인으로 작용하고 있다.

또한 도시보다는 농촌지역의 결혼이민여성이 더 높은 부부갈등을 나타내는 등 거주지역별 부부갈등의 차이가 존재한다. 가사노동과 농업노동의 이중부담, 남녀 차별적이고 가부장적인 농촌문화, 농가소득 저하로 인한 경제적 문제 등으로 인해 농촌지역의 부부갈등이 도시지역보다 더 높게 나타나는 경향이 있다. 출신국가에 따른 부부갈등을 살펴보면 일본이나 필리핀 출신의 결혼이민여성보다 베트남이나 태국 출신의 여성들이 부부갈등이 더 심각한 것으로 나타났다(김오남, 2006). 이는 베트남이나 태국 등 기타 국가의 언어가 일본어나 영어에 비해 우리나라에서 통용되지 못하는 현실과 이들 국가 출신 여성들의 한국어 실력이 다른 나라 출신에 비해 낮은 편(보건복지부, 2005)임을 감안할 때, 부부간의 의사소통문제가 부부갈등의 원인으로 작용한 결과라고 할 수 있다.

다양한 부부갈등 상황에서 성장하는 다문화가정 아동은 출생에서 오는 어려움뿐만 아니라 성장과정에서 끊임없이 취약한 환경을 접하게 되고 일반아동이나 여건이 좋은 다문화가정 아동에 비해 다양한 측면에서 부정적인 경험을 하게 된다. 이러한 부정적 경험은 결국 아동의 심리적, 인지적, 학업적 발달 등 모든 영역에 부정적인 영향을 미치게 된다.

3) 국제결혼 가정의 자녀 양육 문제

다문화가정을 대상으로 한 연구에 의하면 '미취학 자녀를 낮에 누가 주로 돌보는가'에 대한 질문에 응답자들 가운데 37.6%가 '본인/남편 또는 기타 가족'이라고 답하였다. '시설기관(유치원, 어린이집 등)'에 맡긴다는 응답자들은 27.5%로 나타나 일반적인 한국인 가정에서 미취학 자녀를 시설기관에 보내는 비율보다 낮은 것으로 파악되었다(설동훈 외, 2005). 이러한 상황에서 다문화가정의 부모들은 한국인 가정의 부모들보다 양육에 대한 책임을 더 많이 지고 있으며, 특히 다문화가정 외국인 어머니의 경우 자녀양육에 다음과 같은 다양한 어려움을 겪고 있다. 또한 이러한 어머니의 자녀양육의 고충은 다문화가정 아동의 발달에 부정적인 영향을 미치게 된다.

(1) 가족 간 양육방식의 차이

우선 다문화가정 외국인 어머니의 경우 가족 간 양육방식의 차이로 인한 어려움을 겪을 수 있다. 외국인 어머니가 자라온 사회적, 문화적 배경과 가정환경, 교육관, 가치관, 신념 등이 한국의 다른 가족구성원들과 충돌을 일으킬 수 있다(송미경 외, 2008). 예를 들어, 자녀교육방법, 자녀에 대한 기대 등에 있어 아버지와 어머니 간의 차이가 갈등을 일으킬 수 있다. 또한 할머니가 자녀양육에 적극적으로 참여할 경우 어머니가 정해놓은 양육규칙이 할머니의 규칙과 달라 가족갈등이 일어날 수 있으며 이러한 가족갈등이 아동에게 심리적 혼란을 불러일으킬 수 있다. 이러한 고부간의 갈등은 일반 한국인 가정에도 흔하게 일어나는 현상이지만, 다문화가정의 경우 한국의 문화와 자녀양육 관행에 대해 잘 모르기 때문에 할머니가 양육에 참여한다면 어머니가 권한을 거의 행사하지 못하게 될 수 있다. 주양육자가 할머니이든 어머니이든 가족 간 양육상의 갈등은 아동의 안정적 애착 형성을 어렵게 하고, 인지, 정서발달에 부정적인 영향을 미치게 된다.

(2) 자녀 학습지도의 어려움

다문화가정 아동의 주요 교육담당자인 외국인 어머니는 자녀의 학습지도에서 어려움을 느끼고 이로 인한 스트레스와 불안, 자녀 관계에서 혼란을 함께 겪는다. 한국어가 능숙하지 않은 어머니는 때로는 한국어로 때로는 모국어로 자녀와 의사소통한다. 한국어로 자녀와 의사소통하는 경우가 좀 더 많기는 하지만, 어머니의 한국어 실력 중 말하기 실력에 비해 읽기 실력과 쓰기 실력이 낮은 경우가 많기 때문에 자녀의 학령이 높아질수록 학습지도에 어려움을 겪게 된다. 다문화가정 아동 역시 어머니의 한국어 말하기 실력이 안 좋을수록 문화적응스트레스를 더 많이 받는 것으로 나타났다(신혜정, 2007). 외국인 어머니는 언어장벽이나 문화적 차이로 인해 학습지도나 학교생활지도 등에서 도움을 주지 못하는 것에 대해 미안한 마음을 가질 수 있으며, 자녀에게 무능력하게 비춰질까 하는 두려움을 느낄 수도 있다(오성배, 2005).

4) 외국인 노동자 자녀의 가정환경

일반적으로, 외국인 노동자들의 불명확한 미래와 불확실한 현실적 삶은 가족들로 하여금 미래적 가치를 위한 투자보다는 현실적 생존의 문제에 보다 관심을 가지게 한다. 이들은 불안정한 취업으로 인해 거처가 일정하지 않아 자녀의 교육문제도 매우 불안정한 상황에 처해 있다. 아동의 교육에 대해 무관심하고 학교생활을 제대로 하고 있는지 등에 대한 기본적인 점검조차 하지 않은 채로 아동을 방치하는 경우가 있다. 또한 불법체류자의 경우 신변의 안전을 위해 자녀를 노출시키지 않고 대안학교에 보내거나 미성년자인 자녀를 취업시키는 경우도 있다. 이러한 복합적인 상황에서 아동들은 지속적으로 정기적인 교육프로그램에 참여하기 어렵다. 또한 참여하더라도 부모의 자발적인 지원과 아동의 적극적인 참여를 기대하기 어려운 경우가 많다.

5) 새터민 아동의 가정환경

새터민 가정의 경우 북한사회에서 아버지가 가지고 있었던 절대적 가부장적 권위와 새로운 사회문화적 질서에 빠른 적응을 보이고 있는 자녀들의 사고방식 등이 충돌하여 갈등이 생기거나, 여권의식의 신장으로 인한 갈등 등을 경험하고 있는 것으로 나타났다(길은배, 문성호, 2003). 다른 한편 남북한 교육체계의 차이로 인해 부모는 학교문화에 대한 이해가 부족하고, 자녀의 학교적응 및 학업에 조력역할을 제공하지 못하고 있다.

2. 다문화가정 아동의 교육환경

1) 다문화가정 아동에 대한 교사인식

다문화가정의 아동은 점차 증가하는 추세로 학교교육의 중요한 대상이 되고 있다. 그러나 이러한 다문화가정 아동에 대한 교육적 환경은 아직 준비되지 않은 것으로 보인다. 일반적으로 일선 학교 교사들은 다문화가정의 아동에 대해 연민이나 동정심, 혹은 과거 우리나라가 어려웠던 시절 외국으로 나갔던 사람들을 떠올리며 관심을 기울이거나 지원이 필요한 학생들 정도로 인식하고 있다(조혜영 외, 2007).

실제 교육현장에서 다문화가정의 아동에 대해 이해가 부족하거나 경험이 없다면 다문화가정 아동을 어떻게 다루어야 할지 매우 낯설어하게 된다. 반면 다문화가정 아동에 대해 관심이 많고, 이들과의 상호작용에 익숙한 교사는 다문화가정 아동이 경험하는 여러 가지 어려움에 공감하며, 이들의 교육적 환경을 개선하기 위해 노력을 하게 된다. 아직은 다문화 교육에 관심을 가진 교사들을 지원하기 위한 연수 프로그램이나 교육자료가 부족하기 때문에 교사들의 개별적인 노력으로 다문화가정 아동에 대한 지원이 이루어지고 있는 상황이다. 또한 교사입장에서는 다문화가정 부모들과 언어 차이로 인해 의사소통이 어렵기 때문에 지도에 많은 어려움을 느끼고 있다. 이러한 교사의 어려움은 다문화가정 아동의 고통과 학교부적응을 초래하거나 가중시킬 수 있다. 반면, 다문화가정 아동에 대한 교사의 이해와 수용은 중요한 사회적 자원으로 작용하게 될 것이다. 따라서 다문화가정 아동을 상담하는 교사는 자신의 전문성 신장만이 아니라 다문화가정 아동을 담당하고 있는 다른 교사의 자질과 전문성 신장에도 기여해야 한다.

2) 다문화가정 아동 지원 교육정책

2000년대 이후로 다문화가정 아동의 초등학교 취학이 증가하면서 일반학교에서의 다문화가정 아동을 지원하기 위한 정책이나 제도에 대한 논의 역시 활발해지고 있다. 특히 2006년도에 국제결혼이민자 자녀 교육 추진 실적이 학교평가와 교육청 평가에 반영되기 시작하면서 일선 학교의 교사들의 인식이 증가하고, 다문화교육과 관련된 다양한 사업이 실시되었다(〈표 3-4〉). 2008년도에 교육과학기술부가 발표한 '다문화가정 학생 교육 지원 계획'을 살펴보면, 중앙부처는 종합 · 조정 중심으로 다문화교육정책을 추진하려 하며, 지역에서는 지자체별 자율역량에 기반한 학생 맞춤형 다문화교육을 확대하려는 모습을 볼 수 있다.

또한 교육과정 개정에 있어 유치원 및 초 · 중등 교육과정에 다문화교

〈표 3-4〉 2007년도 다문화교육 지원 현황(교육과학기술부, 2008)

기 관	지 원 내 용
교육과학기술부	• 다문화교육 관련 연구 · 개발(3억 원): 다문화교육 정책연구, 한국어 교재 · 교육 프로그램 개발, 핵심교원 양성 프로그램 개발 • 시 · 도 다문화교육센터 지원(10.94억 원): 다문화 관련 교육 네트워크 구축 및 시 · 도별 특성에 맞는 다문화교육 지원
교육청	• 학생지원: 멘토링, 다문화이해 체험활동(캠프 등), 국제이해교육, 급식비/특기적성교육/방과후 학교 참여 지원, 입학상담센터 운영 • 교사지원: 교사 연수, 장학자료 발간/보급 • 부모지원: 부모 연수, 한글교실 운영
학교	• 한국어(KSL)반 운영(총 213개교, 814명 참여)
지자체	• 지역인적자원개발(RHRD) 사업을 통해 12개 지역, 25개 사업 지원(국제결혼이민자 한글교실, 국제결혼여성 자녀 정체감 함양 등)
타 부처	• 보건복지가족부, 문화체육관광부 등에서 여성결혼이민자 가족 대상 지원

육 내용을 반영하도록 하는 방안이 도입되고 있다. 2007년 2월에 개정된 초등학교 도덕 교과서는 다문화가정 아동에게 한국문화를 소개하는 등 다양한 연습문제를 포함하고 있다. 이처럼 타문화에 대한 편견을 극복하기 위한 다문화교육 요소를 포함하도록 하는 움직임은 점차 확대될 예정이며, 따라서 다문화가정 아동에게 보다 우호적인 학교환경이 제공될 것으로 기대된다. 이 과정에서 교사는 이러한 정책적 지원이 실제 다문화가정 아동에게 어떤 도움이 되는지 확인하고, 보다 나은 방향으로의 정책적 변화에 대한 제언을 아끼지 않아야 할 것이다.

3) 다문화가정 아동을 둘러싼 또래문화

다문화가정 아동과 함께 생활하는 일반학생들의 경우 의식적으로는 다문화가정 아동들과 잘 지내야 한다는 생각을 하고 있는 편이다(조혜영 외, 2007). 특히 다문화가정 아동과 초등학교 저학년 때부터 자연스럽게 함께 생활한 아동들의 경우 다문화가정 아동 역시 평범한 친구로 생각하는 것으로 나타났다. 그럼에도 불구하고 다문화가정 아동은 보이지 않는 차별이나 언어적 장벽으로 인해 또래집단과의 관계형성에 어려움을 느끼는 경우가 있는 것으로 나타났다. 경기도 교육청의 교육요구조사에 의하면, 조사 대상자 중에 63.3%가 '친구 사귀기가 필요하다(필요하다, 매우 필요하다)'라고 응답을 했으며 '73.3%가 자신의 말을 들어 줄 사람이 필요하다(필요하다, 매우 필요하다)'라고 응답을 했다. 같은 조사에서 '학교에서 얘기 나누는 친구가 있다'에 약 66.6%가 그렇다(그렇다, 매우 그렇다)라고 응답했지만, 이들이 동시에 '친구 사귀기가 필요하다'고 응답한 것으로 보아 친밀한 관계 형성이 쉽지 않은 것으로 보인다(경기도 교육청, 2007).

다양한 문화적 배경의 다문화가정 아동들이 함께 생활할 경우, 다문화가정 아동들의 출신국 간의 경계 짓기가 갈등으로 나타나기도 한다. 예를 들어, 한 지원센터 내의 다문화가정 아동을 연구한 결과에 따르면, 센터 내 다수를 차지하고 있는 ○○ 출신의 아동들과 이들을 제외한 각국의 아동들이 나누어져 또래집단을 형성해서, 이러한 경계 짓기가 미세한 갈등으로 나타나기도 했다(한진상, 서정기, 2008). 학교에서도 이러한 다문화가정 아동들 간의 갈등이 민족 간의 자존심 싸움으로 나타나기도 한다(경기도 교육청, 2007).

이러한 또래문화에서 볼 수 있듯이 다문화가정 아동의 또래관계는 단순히 일반아동과 잘 지내는지의 문제만 있는 것이 아니다. 같은 문화권의 아동과의 관계, 다양한 문화적 배경의 아동과의 관계, 일반아동과의 관계 등 여러 층에서 어떻게 조화로운 관계를 형성하고 건전한 또래관계, 우정의 의미를 찾는지가 중요하다.

제 4 장

다문화가정 아동 문제행동별 상담 접근

이 장에서는 다문화가정 아동의 문제행동별로 구분하여 문제 지도시 유의점과 구체적 상담 접근방안들을 제시한다. 각 문제 행동들이 구체적으로 어떤 행동적 특성으로 드러나는지 먼저 제시한 다음, 그러한 문제행동들을 이해하고 지도함에 있어서 전반적으로 유의할 점들과 장기적으로 지향해야 할 목표들을 소개한다. 이어서 장기적 목표들을 이루어가기 위한 단계적 목표들과 구체적 상담 접근방안들이 제시되는 형태로 이루어져 있다.

제 4 장

다문화가정 아동 문제행동별 상담 접근

1. 기초학습능력 부족의 문제

1) 행동적 특성

- 우리말을 정확하게 발음하지 못하고 어휘력이 부족하다(말하기 능력).
- 질문에 대해 이해를 못하고 자주 묻는다(듣기 능력).
- 말귀를 잘 못 알아듣는다(듣기 능력).
- 읽기에 어려움을 보인다(읽기 능력).
- 쓰기에 어려움을 보인다(쓰기 능력).
- 수업을 이해하지 못해서 엎드려 잔다.
- 한국어 능력(읽기와 쓰기)의 부족으로 다른 교과 학습에 지장을 초래한다.
- 한국어 이해력이 부족하여 실력 향상 속도가 느리다.
- 문장제문제 등에 대한 이해력이 부족하다.
- 과제나 활동을 마치는 데 시간이 많이 걸린다.

• 전반적인 기초학력 수준이 낮다.
• 학습속도가 느려 정상적인 수업진도에 따라가지 못한다.

2) 전반적 유의점

(1) 다문화가정 아동이 학교에서 경험하는 어려움 가운데 가장 흔히 나타나는 문제가 바로 학업문제다. 다문화가정 아동에게 특히 많이 나타나는 학업문제는 기초학습능력 부족, 낮은 학습준비도, 낮은 학습동기 등이다. 그중에서도 기초학습능력 부족이 가장 두드러진 문제이고, 가장 시급하게 해결해야 할 문제다. 일반 아동이 학습 상황에서 보이는 수업방해 행동이나 낮은 수업참여도 역시 다문화가정 아동에게서 나타나고 있는데, 이 부분은 다문화가정 아동이라고 해서 다른 접근방법이 필요한 것은 아니다. 수업방해 행동과 낮은 수업참여도에 대한 상담목표와 개입전략에 대해서는 『초등교사를 위한 문제행동 상담 길잡이』에 잘 설명되어 있으므로, 이 책에서는 다루지 않을 것이다.

(2) 다문화가정 아동이 보이는 기초학습능력 부족의 원인은 대부분 한국어 능력의 부족에 있다. 다문화가정 아동은 한국어를 모국어로 받아들이지 않는 경우가 있고, 한국에서 태어났을지라도 일차양육자인 어머니가 한국어를 모국어로 사용하지 않는 경우 한국어 습득이 제대로 이루어지지 못할 수 있다. 즉, 다문화가정 아동이라면 한국어를 말하고 듣고 읽고 쓰는 데 있어 어려움을 겪고 있을 가능성이 높다.

(3) 한국어를 자유롭게 말하고 듣고 읽고 쓰지 못할 경우 교사나 다른 아동과 의사소통에 문제가 생기고 모든 수업을 따라가기가 힘들어지는 것은 당연하다. 아동의 능력이나 자원에 상관없이 학습을 위한 도구가 마련되어 있지 않는 상황에 놓여 있는 것이다. 받아쓰기, 글짓기, 국어성적 등 한국어 능력 자체와 관련된 학업에서만이 아니라 과제를 마치는 데 시간이 많이 걸리거나 문장제문제를 풀지 못하거나 설명을 잘못 알아듣는 등의 문제도 함께 나타난다. 장기적으로는 열심히 해도 성적이 오르지 않거나 전반적인 학력저하 현상으로 나타날 수 있다.

(4) 다문화가정 아동의 기초학습능력 부족의 문제를 돕기 위해서는 적극적인 기초학습능력 증진을 위한 개입이 필요하며, 무엇보다 기초학습능력 증진에 대한 아동의 동기를 높여 주는 것이 선행되어야 한다. 특히, 한국어를 전혀 못하는 것이 아니라 어느 정도는 구사할 능력이 있는 경우 서툰 한국어 구사능력이나 낮은 이해능력으로 인한 불편함을 스스로 느끼지 못하고 있는 경우가 많고, 또한 한국어 능력 부족으로 인해 다른 교과 학습에도 지장이 초래되고 있다는 점도 간과하기 쉽다. 따라서 아동과 아동의 부모에게 기초학습능력의 향상을 위한 노력에 대한 필요성을 설명하고 동기화시켜야 한다.

(5) 기초학습능력에 대한 객관적인 평가를 통해 아동의 현재 수준을 정확하게 파악해야 한다. 기초학습능력에 대해 한국어 구사능력(말하기, 듣기, 읽기, 쓰기), 기초학습기능, 해당 학년에 해당하는 학업성취 수준을 각각 평가해야 한다. 예를 들면, 한국어 구사능력 중 말하기와 듣기 능력은 '취학 전 아동 언어발달검사', 읽기와 쓰기는 'BASA 수행평가 읽기검사와 쓰기검사', 기초학습기능은 '기초학습기능검사', 학업성취도는 '기초학력진단검사' 등의 표준화 검사를 활용할 수 있다. 부록에 제시된 여러 가지 표준화 평가도구를 활용하여 현재의 능력을 평가하고, 개입의 효과에 대한 기초선으로 삼는다.

(6) 저학년의 경우 기초학습능력 부족 상태에 놓인 학생들이 적지 않고 심각한 문제로 여겨지지 않기 때문에, 이런 문제를 다루어야 한다는 것을 아동이나 부모에게 전달하고 설득하는 데 큰 어려움은 없다. 그러나 고학년의 경우 기초학습능력 부족 상태를 아동에게 알릴 경우 그 사실을 수치스럽게 생각할 가능성이 있으므로 이 점을 함께 상담에서 다루어야 한다.

3) 상담의 장기적 목표

(1) 기초학습능력에 대한 객관적인 평가를 통해 아동의 현재 수준을 정확하게 파악하고, 이 정보를 아동과 부모에게 통보하여 현재의 기초학습능력 부족 상태를 수용하도록 돕는다.

(2) 기초학습능력의 각 영역에 대한 단기적, 장기적 수행목표를 합의하여 설정하고, 진행속도를 결정한다.

(3) 기초학습능력 부진의 원인을 파악하고, 통제 가능한 원인과 통제 불가능한 원인을 구분하여, 각각에 대해 어떻게 대처할 것인가를

의논한다.

(4) 학습부진으로 인한 스트레스, 불안, 무기력 등에서 벗어날 수 있도록 돕는다.

(5) 기초학습능력 향상을 도울 수 있는 조력체제를 찾아보고, 안내하고, 참여를 독려한다.

(6) 기초학습능력 향상의 성과를 정기적으로 평가하고, 성공경험을 재경험할 수 있도록 촉진한다.

4) 상담목표의 구체적 접근방안

단계적 목표	구체적 접근방안
(1) 아동과 촉진적 관계를 형성한다.	1−1) 공부문제로 교사와 이야기를 해야 할 경우 대부분의 아동들은 비난을 받지 않을까 불안해한다. 아동이 이런 불안을 느끼지 않도록 상담을 하는 목적이 아동을 돕기 위한 것임을 충분히 설명한다. 1−2) 이를 위해 아동의 부족함보다 아동의 자원을 먼저 발견하는 접근이 선행되어야 한다. 1−3) 교사가 발견한 장점들을 아동에게 직접 말해 주고, 이러한 장점들이 아동의 기초학습능력 부족으로 인해 충분히 발휘되지 못하고 있는 상황에 대해 설명해 준다. 1−4) 아동과의 상담에 대해 부모에게 설명하고 동의를 구한다.
(2) 기초학습능력에 대한 객관적인 평가를 통해, 각 기초학습능력의 수준을 파악한다.	2−1) 기초학습능력에 대한 객관적인 평가도구를 활용하여 아동의 현 상태를 점검한다. 2−2) 교내외 전문가에게 의뢰하여 실시해야 할 검사와 교사 스스로 할 수 있는 검사를 구분하여 실시할 수 있도록 준비한다. 2−3) 포괄적인 진단을 위해 초기 평가는 전문가의 도움을 받는 것이 좋겠지만, 기초학습능력의 습득과정을 점검할 수 있는 평가도구나 방식에 대해서도 미리 확인

	하는 것이 좋다. 진단을 맡은 전문가에게 자문을 구하여 평소 교사가 실시할 수 있는 간이 평가도구를 개발할 수도 있고, 이미 개발된 평가도구 중 교사에게 익숙한 것으로 선정할 수도 있다.
(3) 한국어 능력이 부족한 경우 한국어 능력 부족의 영역을 파악한다.	3−1) 아동의 한국어 능력에 대해 교사가 평소에 관찰한 결과와 표준화 검사 결과를 비교하고, 불일치하는 부분이 있다면 그 원인부터 확인한다. 교사의 관찰에 오류가 있었는지 검사 실시 과정에 오류가 있었는지를 파악하여, 정확한 한국어 능력 수준을 확인해야 한다. 3−2) 한국어 능력 부족으로 인해 아동이 직접 느끼고 있는 불편감이 무엇인지 면담을 통해 확인한다. 특히, 일상생활이나 친구들과의 의사소통에도 어려움이 있는지, 일상생활이나 친구들과의 의사소통에는 지장이 없지만 수업을 듣고 공부를 하는 데 어려움이 있는지 확인하는 과정이 필요하다. 3−3) 일상적인 의사소통에도 어려움이 있다면 한국어 능력 향상 자체에 노력을 집중할 수 있도록 도와야 하고, 학업과정에서의 한국어 사용에 어려움이 있다면 보충학습과 한국어 능력 습득을 병행하는 접근이 필요하다. 3−4) 또한 이러한 한국어 능력 부족의 원인이 무엇인지에 대해 탐색할 필요가 있다. 아동과의 면담과 생육사를 통해 그 원인을 알아볼 수 있고, 필요할 경우 부모 면담을 통해 그 원인을 확인해야 한다. 원인과 함께 아동의 한국어 향상에 도움이 되는 환경과 방해가 되는 환경에 대해서도 파악하고, 가능한 한 도움이 되는 방식으로 환경을 재배치할 수 있는 방법을 모색한다.
(4) 한국어 능력 부족에 대해 아동이 수용하도록 돕고, 능력 증진을 위한 구체적 방안을 찾아 안내한다.	4−1) 한국어로 의사소통을 전혀 못하는 경우가 아니라면 다문화가정 아동과 그 부모는 한국어 능력 증진에 대한 필요성을 못 느낄 수 있다. 그러나 학업에 지장을 초래하고 있다면, 별도의 노력이 필요하다는 점에 대해 아동과 부모를 설득해야 한다. 4−2) 아동을 상담하는 교사가 아동의 한국어 능력 향상을 직접적으로 조력하는 것은 크게 효과적이지 않다. 먼

	저, 언어능력의 향상에는 많은 노출과 반복학습이 필요한데 이런 학습경험을 제공할 만큼 충분한 시간을 낼 수 있는 교사는 거의 없다. 따라서 아동의 한국어 능력 향상을 체계적으로 조력할 수 있는 서비스를 찾아 연결해 주는 것이 좋다. 4－3) 어떤 조력서비스에 의뢰하든 의뢰 전에 반드시 충분한 동기화가 필요하다. 한국어 능력 향상을 위해 노력하는 것이 어려울 수 있다는 점도 얘기해 주어야 하고, 그렇지만 한국어 능력이 향상되었을 때 얻게 되는 이점이 많다는 점도 인식할 수 있도록 돕는다. 이 과정에서 교사가 직접 예상되는 어려움과 이점을 제시하기보다는 아동 스스로 발견할 수 있도록 탐색적 질문을 활용한다. 4－4) 한국어 능력 증진 프로그램으로 의뢰한 다음에도 모니터링하면서 지속적인 도움을 준다. 프로그램을 통해 아동의 한국어 능력이 얼마나 신장하는지 직접 확인하는 역할과 함께, 프로그램에 참여하면서 아동이 겪는 어려움을 돕는다. 또한 프로그램에서의 성공경험을 극대화하여 동기수준을 높이는 노력도 한다.
(5) 기초학습기능검사나 학력진단검사에서 나타난 학력 편차에 대해 이해한다.	5－1) 일반 아동들의 경우 학업영역별(과목별 또는 기능별) 학력 편차가 거의 나타나지 않는 경우가 많지만, 다문화가정 아동의 경우는 학업영역별 학력 편차를 보이는 경우가 많다. 이러한 학력 편차로 인해 잘하고 있는 부분이 있음에도 불구하고 자신은 공부를 잘 못한다고 생각하기 쉽고, 교사들도 다문화가정 아동을 학습부진아로 간주하기 쉽다. 5－2) 표준화 검사 결과를 근거로 학업영역별 편차를 확인하고, 그 결과를 아동에게 알려 주고, 잘하고 있는 영역에 대해 자신감을 가질 수 있도록 칭찬하고 격려한다. 5－3) 부진을 보이는 학업영역 또는 과목에서 부진이 나타난 원인에 대해 아동이 어떤 생각을 가지고 있는지 탐색하고, 그로 인한 어려움과 스트레스에 대해 공감해 준다.

	5-4) 아동이 지각하고 있지는 못하지만, 교사가 파악한 부진의 원인이 있을 경우 아동에게 알리고 함께 이야기해 보면서 아동의 기초학습능력 부족에 대한 이해를 넓혀 간다.
(6) 기초학습능력 부족을 회복할 수 있도록 돕는다.	6-1) 현재 아동의 학업성취 수준과 누적된 학습부진의 시기를 탐색하여 기초학습능력 부진 개선을 위한 출발점으로 삼는다. 6-2) 기초학습능력 부족을 보충할 수 있는 방법을 모색한다. 학교 내에서 운영하는 특별보충과정이나 방과 후 프로그램, 학교 밖 지원센터에서 운영하는 공부방 등 아동에게 도움이 될 수 있는 보충 프로그램에 대한 정보를 수집한다. 6-3) 아동과 함께 각 프로그램의 장단점을 비교하여 어느 프로그램의 도움을 받을 것인지 결정한다. 결정과정에 부모를 참여시킬 수 있으며, 부모가 결정과정에 참여하지 않았더라도 최종적으로 부모의 허락을 받아야 한다. 6-4) 학교 수업을 진행함에 있어서도 학습부진으로 인해 현재 수업에서 소외되지 않도록 조치를 취한다. 상담교사가 직접 아동의 수업도 맡고 있는 담임교사라면 개별적 요구에 부응하는 수업이 되도록 노력한다. 다른 교사가 수업을 맡고 있는 경우라면, 그 교사에게 아동의 현 상태에 대해 객관적인 자료를 바탕으로 설명하여 수업에 참고할 수 있도록 돕는다. 6-5) 아동의 학업성취 수준을 정기적으로 점검하여 아동이 받고 있는 프로그램의 효과를 평가하고, 아동과의 직접 면담을 통해서도 효과를 평가한다. 6-6) 성과를 구체화하여 아동, 부모, 프로그램 담당자에게 피드백한다.
(7) 기초학습능력 부족으로 인한 심리적 고통이나 학업을 방해하는 심리적 고통을 덜 수 있도	7-1) 현재 아동 자신이 느끼는 불편감이 어떤 것인지 아동으로부터 듣는다. 7-2) 정서에 대한 반영과 공감 반응을 적극적으로 활용하여 아동이 미처 알아차리지 못했던 정서에 대한 자각을 촉진한다.

록 돕는다.	7－3) 아동이 느끼는 좌절, 불안, 속상함, 수치심 등의 감정을 편안하게 털어놓음으로써 감정의 정화를 경험하도록 돕는다. 7－4) 아동을 수용하고 지지해 줌으로써 위로받고 안도감을 느낄 수 있도록 돕는다. 특히, 고학년의 경우 자신의 기초학습능력 부족을 감추려고 하고, 공부에 아예 가치를 두지 않음으로써 좌절을 억누르는 경향이 있다. 이런 아동에게는 지지와 무조건적 수용이 더욱 필요하다. 7－5) 아동의 부정적 감정의 원인이 되는 비합리적인 신념이나 현실에 대한 잘못된 지각(판단)이 있다면 설명과 설득을 통해 현실적이고 합리적인 생각을 할 수 있도록 돕는다. 7－6) 성공과 실패를 노력으로 귀인함으로써 노력에 대한 낙관성을 가질 수 있게 하고, 성공경험의 극대화를 통해 학업에 대한 자기효능감을 높여 준다. 7－7) 아동의 부정적 감정의 원인이 되는 상황이나 환경을 확인하고 이를 재조정할 수 있는 방법을 모색한다. 특히, 가정에서의 부모나 형제와의 관계와 학교에서의 또래관계에서 경험하는 갈등과 어려움에 대해 탐색하고, 주위의 유의미한 타자들이 아동의 적응을 지지할 수 있도록 촉진한다.

2. 학업동기 부족의 문제

1) 행동적 특성

- 수업시간에 산만하고 집중하지 않는다.
- 학습의욕이 없다.
- 우물쭈물하며 자신감이 없다.
- 숙제를 거의 하지 않는다.
- 준비물을 잘 준비해 오지 않는다.
- 수업을 이해하지 못해서 엎드려 잔다.
- 많은 활동에 흥미를 느끼지 못한다.
- 수업이나 활동에 수동적으로 참여한다.
- 학습 및 학교생활에서 무기력한 모습을 자주 보인다.
- 마지못해 학교에 온다.
- 공부를 열심히 해야 한다고 생각하지 않는다.
- 시험 전날에도 시험 볼 과목의 교과서를 집에 가지고 가지 않는다.
- 시험이나 시험결과에 관심이 없다.
- 성적이 하위권이다.

2) 전반적 유의점

(1) 다문화가정 아동이 학업과 관련된 문제가 있을 때는 흔히 저하된 학업동기와 밀접한 관련성을 가지고 있다. 저하된 학업동기는 다문화가정 아동이 교실에서 보이는 다양한 문제행동의 원인일 수도 있다는 측면에서 세심하게 다루어질 필요가 있다. 예를 들어, 아동이 수업에 흥미를 보이지 않거나 수업 태도가 산만한 경우, 이러한 행동 기저에 있는 낮은 학업동기가 문제행동들의 핵심요인일 수

있으므로, 교사는 학업동기를 높임으로써 효과적으로 문제를 개선할 수 있다.

(2) 학업동기가 낮은 아동은 학습에 적극적으로 참여하지 않고 흥미를 느끼지 못하며 때로는 무기력하고 실패를 당연하게 받아들이기도 한다. 학업성취가 낮은 경우, 낮은 학업동기는 학습된 무기력과 맞물려 더욱 악화될 가능성이 크며, 학업성취가 높은 경우, 낮은 학업동기는 중요하게 다루어지지 않은 채 간과될 가능성이 크다. 학업동기 저하는 학습에 대한 아동의 흥미와 밀접한 관련이 있기 때문에 장기적으로 학습에 부정적인 영향을 미친다. 또한 학업동기 저하로 인한 낮은 학업성취는 이차적으로 아동의 자신감뿐만 아니라, 아동의 학교생활 및 또래관계에도 부정적인 영향을 미칠 수 있다.

(3) 다문화가정 아동이 보이는 낮은 학업동기의 원인을 진단할 때, 학업동기에 영향을 미치는 아동의 가정환경 특성을 고려하여 이해하는 것이 필요하다. 특히 다문화가정 부모가 아동의 학업에 거는 기대와 가치관을 반드시 확인하는 것이 좋다. 문화권에 따라 학교 공부에 대한 가치가 다르기 때문에 부모가 자녀의 학업에 관심을 덜 기울이게 되고 낮은 학업 동기에 대해 문제의식을 못 가질 수 있다.

교사는 아동 상담과 부모 상담을 통해 학업에 대한 가치관과 학교 및 학업에 대한 기대를 확인하고, 아동에게 가장 적절한 개입방법을 논의한다. 한편, 다문화가정 아동의 낮은 학업동기는 전반적으로 학교 적응에 어려움을 겪을 때 아동이 겪는 다른 문제의 이차적인 증상일 가능성이 크다. 이 경우, 낮은 학업동기가 낮은 학업성취, 또는 국어 능력의 부족에서 기인한 것은 아닌지 확인하여야 한다. 학업부분에 대한 개입을 통해 점진적으로 학업수준을 높이고 동기를 향상시킨다.

(4) 다문화가정 아동의 학업동기를 향상시키기 위해서 일차적으로 아

동의 학업동기에 대한 이해가 필요하며, 초등학교 아동의 동기를 증가시키기 위해서는 부모와 교사의 노력이 아동 본인의 역할보다 강조된다. 따라서 교사 자신이 적극적으로 아동의 학업동기를 향상시킬 수 있도록 개입하는 것이 필요하다.

교사가 학교에서 아동의 학업동기를 향상시킬 수 있도록 할 수 있는 전략은 크게 네 가지가 있다. 첫째, 아동과 개인적인 관계를 쌓으면서 아동의 학업과 성장에 대한 기대와 관심을 보여 준다. 둘째, 아동이 지속적으로 학업에서 성공을 경험할 수 있도록 적절한 학업목표를 세우고 과제를 수행하는 과정을 조력한다. 셋째, 아동이 자신의 성공과 실패 경험을 자신의 노력으로 귀인하고 노력하면 달라질 수 있다는 긍정적인 학업 인지구조 및 통제신념을 가질 수 있도록 조력한다. 넷째, 아동이 학업에 대한 필요성과 긍정적인 기대를 스스로 가질 수 있도록 진로 및 직업교육과 관련지어 아동의 목표 설정을 격려하거나 자극한다.

(5) 부모교육은 다문화가정 아동의 학업동기를 향상시키기 위해서 아동의 학업동기에 영향을 미치는 가정환경적 특성에 개입할 수 있는 좋은 방법이다. 교사는 부모가 학업동기를 증가시킬 수 있는 가정환경을 만들 수 있도록 부모에게 안내할 수 있다. 교사는 다문화가정 부모에게 자녀가 가정에서 부모로부터 학업에 대한 적절한 기대와 보상을 받고 학업성취 및 노력에 대한 칭찬 및 훈육을 받는 환경이 필요하다는 것을 설명하고 동기화하는 것이 필요하다.

(6) 저학년의 경우 아동 스스로 학업동기에 대해 생각하고 노력하는 것이 쉽지 않아 학업동기에 대한 교사나 부모의 개입이 절대적으로 필요하다. 그러나 고학년 아동의 경우, 교사나 부모가 일방적으로 개입하기보다는 아동과 함께 학업에 관한 이야기를 나누면서 관계를 통해 동기를 유발하는 것이 보다 효과적이다.

3) 상담의 장기적 목표

(1) 낮은 학업동기의 원인을 정확하게 진단하기 위하여 학업동기 저하와 관련된 아동의 문제행동을 관찰하고 수집한다.

(2) 학업동기가 낮은 원인에 대한 평가를 통해 아동에게 도움이 필요한 영역을 정확하게 파악한다.

(3) 학습부진으로 인해 학업동기가 저하된 경우, 기초학습능력 향상과 성공경험을 통해 무기력에서 벗어날 수 있도록 돕는다.

(4) 도움이 필요한 영역 중 가정환경 특성에서 기인한 원인을 확인하고, 각각에 어떻게 대처할 것인가에 대해 부모와 의논한다.

(5) 부모에게 아동의 학업동기에 대한 관심을 촉구하고 학업동기 향상을 도울 수 있는 방법을 안내하고 교육한다.

(6) 수업이나 학교활동에서 아동의 학업동기를 향상시킬 수 있는 실현가능한 단계별 목표를 설정하고 개입한다.

(7) 학업동기 향상의 성과를 정기적으로 평가하고 아동의 동기화 과정을 강화시킨다.

4) 상담목표의 구체적 접근방안

단계적 목표	구체적 접근방안
(1) 학업동기 저하와 관련된 아동의 문제행동을 관찰하고 수집한다.	1−1) 전반적인 학교생활에서 아동의 적응상황을 살피고, 다양한 상황에서 아동의 참여와 행동을 관찰한다. 1−2) 아동이 적극적으로 참여하고 흥미를 보이는 과목(또는 영역)과 수동적이거나 산만한 태도를 보이는 과목(또는 영역)을 확인하고 차이점과 공통점을 확인하여 원인을 분석한다. 1−3) 아동의 학업성취 및 가정환경을 확인하고 학업동기 저하와 관련이 있는지 검토한다.
(2) 아동과 촉진적 관계를 형성한다.	2−1) 공부문제로 교사와 이야기를 해야 할 경우 대부분의 아동들은 비난을 받지 않을까 불안해하는 경향을 보인다. 아동이 이런 불안을 느끼지 않도록 상담을 하는 목적이 아동에 대한 관심이고 그를 돕기 위한 방법임을 충분히 알린다. 2−2) 이를 위해 아동의 부족함보다 아동의 장점과 자원을 먼저 발견하는 접근이 선행되어야 한다. 교사가 관찰한 결과를 토대로 발견한 장점들을 아동에게 직접 말해 준다. 2−3) 고학년 아동의 경우, 아동이 현재 학업과 관련하여 어떠한 어려움을 겪고 있는지 이야기를 나누고 학업동기가 저하된 현재 상황에 대해 쉽게 설명해 준다.
(3) 아동의 저하된 학업동기의 원인을 진단한다.	3−1) 세심한 관찰결과와 수집한 정보, 아동과의 면담결과를 토대로 아동의 학업동기가 저하된 원인을 확인한다. 3−2) 한국어 능력을 비롯한 학업성취, 부모의 학업에 대한 관심 및 조력, 다문화적 특성, 아동의 자신감과 학업성공 및 실패에 대한 귀인양식, 공부방법, 학습량 등을 확인하여 원인을 분류한다.

	3-3) 학습동기 저하의 수준도 함께 평가하여 의욕상실의 기간과 지속한 정도 등을 평가하고 계획을 수립할 때 참고한다. 3-4) 고학년 아동의 경우 아동 스스로 생각하는 공부를 하기 싫은 이유가 무엇인지 들어 보고(아동의 가설) 원인 진단의 정보로 활용한다.
(4) 부모상담과 교육을 통해 아동의 학업동기 향상에 대한 협조를 요청하고 정보를 제공한다.	4-1) 다문화가정 아동과 그 부모는 학업동기 향상에 대한 필요성을 못 느낄 수 있다. 그러나 낮은 학업동기가 학업태도나 학업성취에 지장을 초래하고 있다면, 별도의 노력이 필요하다는 점에 대해 아동과 부모를 설득해야 한다. 4-2) 다문화가정 부모가 가지고 있는 교육적 가치관과 아동에 대한 기대를 진솔하게 이야기할 수 있게 개방적인 태도를 취한다. 이를 통해 아동의 학업동기 저하에 영향을 미치고 있는 부모 요인을 확인한다. 4-3) 부모에게 학교에서의 학업이 중요한 까닭과 학교적응에서 학업동기 저하로 인해 자녀가 겪는 어려움, 학교에서 기대하는 부모역할 등에 대해 설명해 준다. 이때 부모를 비난하지 않는 태도로 전달하는 것이 중요하며 가정환경이 학업동기를 향상시킬 수 있는 중요한 요인임을 강조하고 협조를 요청한다. 4-4) 부모가 아동의 학업에 관심을 가지고 적절한 기대를 하도록 하고, 필요한 경우 적극적으로 조력할 수 있도록 구체적인 지침을 제공한다.
(5) 교실 안에서 아동의 학업동기를 향상시킬 수 있는 환경을 조성하고 개입한다.	5-1) 수업이나 별도의 만남에서 교사가 아동에게 가지는 기대를 표현하고 격려해 준다. 이때의 기대나 격려는 성취 그 자체에 대한 것보다는 학업에 대해 가지는 관심이나 노력, 좋은 학업태도 등에 대한 것이 좋다. 5-2) 아무리 작은 변화라도 즉각적인 피드백을 제공한다. 평소와 다른 행동이나 태도를 보일 때 구체적이고 즉각적인 격려와 인정을 표현하고, 강화를 제공한다.

	5−3) 행동이나 태도가 조금 개선되었을 때 아동이 스스로 선택하여 참여할 수 있는 과제나 활동을 마련해 주고 성공경험을 할 수 있도록 돕는다. 5−4) 아동이 성공경험을 했을 때, 그 성취와 함께 아동 자신의 노력과 참여가 이러한 결과를 이루어 냈다는 것을 확인할 수 있도록 피드백을 제공한다. 5−5) 아동이 실패를 경험했을 때, 그 실패경험을 함께 나누고 아동의 귀인양식을 확인하여 적절하게 귀인시킬 수 있도록 조력한다.
(6) 아동이 스스로 노력하면 할 수 있다는 생각을 갖게 한다.	6−1) 아동이 학업과 관련하여 어떠한 기대와 목표를 가지고 있는지 확인하고 이러한 기대와 목표를 갖게 된 이유를 확인한다. 6−2) 학업에 대한 좌절감이나 실패감을 가진 아동의 경우, 함께 그 감정을 나누며 그로 인한 어려움과 스트레스에 대해 공감해 주고 학업에 대한 동기를 고취시킨다. 6−3) 아동이 지각하지 못한 원인을 파악한 경우, 아동과 함께 이야기해 보면서 학업에 대한 이해를 넓혀 간다. 6−4) 아동에 대한 교사의 긍정적인 기대를 표현하면서 아동의 장점 및 현재까지의 변화를 확인하고 아동 자신이 이러한 변화를 어떻게 느끼고 있는지를 나눈다. 6−5) 아동의 목표나 기대가 현재 성취수준과 괴리가 크다면, 단계적 목표를 설정하는 것을 돕고 지속적인 노력을 통해 극복할 수 있도록 지도한다. 아동이 성공을 경험할 수 있는 수준의 목표를 통해 성공경험을 늘리는 것이 중요하다.
(7) 공부를 왜 하는가에 대한 생각을 명료화한다.	7−1) 왜 공부를 해야 하고 왜 학교에 와야 하는지에 대한 자신의 생각을 자유롭게 말할 수 있게 한다. 7−2) 구체적으로 답하기 어려워할 경우 상대적으로 공부를 많이 하는 과목과 적게 하는 과목에서 스스로 어떤 의미를 부여하고 있는지 생각해 보게 하고 이야기를 나눈다.

	7−3) 친구, 부모, 형제 등 다른 사람들은 왜 공부를 해야 한다고 말하는지 들어 본다. 이 내용에는 실제 다른 사람들의 생각보다는 아동 자신의 생각이 투사되는 경우가 많아 효과적이다. 7−4) 4학년 이상의 경우 자신이 미래에 하고 싶은 일과 지금의 학업을 연결시켜 보는 질문을 한다. 7−5) 교사가 공부를 해야 하는 이유를 직접 제시하기보다는 가능한 한 아동 스스로 말할 수 있게 이끌고 조금씩 보충해 준다.
(8) 학업동기의 회복과정을 함께 공유한다.	8−1) 아동의 학업동기 수준을 정기적으로 점검하여 아동과의 직접 면담을 통해 변화를 확인한다. 8−2) 변화 및 성과를 구체화하여 아동과 부모에게 피드백을 제공하고 적극적으로 격려한다.

3. 낮은 자기존중감

1) 행동적 특성

- 또래와 잘 어울리지 못한다.
- 또래나 타인과의 친밀한 관계를 회피한다.
- 자기를 비하하는 말을 자주한다.
- 외모, 언어, 학업 등 여러 영역에서 자신이 부족하다고 생각한다.
- 자신의 긍정적인 부분이나 능력을 인정하기 어려워한다.
- 다른 사람의 칭찬을 받아들이지 못한다.
- 다른 사람의 비난을 그대로 받아들인다.
- 자신은 늘 부족한 사람이라고 여긴다.
- 다른 사람의 요구를 거절하기 어려워한다.
- 항상 다른 친구나 교사의 눈치를 본다.
- 사소한 일에도 못 참고 자주 친구와 다툰다.
- 우물쭈물하며 자신이 없어 한다.
- 자기표현을 하지 않는다.

2) 전반적 유의점

(1) 다문화가정 아동의 특성에서 볼 수 있듯이 아동들은 주변에서 부정적인 피드백을 많이 받아서 스스로 부적절감을 형성하는 경우가 있다. 낮은 자기존중감은 여러 사람으로부터 오랫동안 부정적인 피드백을 받은 결과다. 자기존중감의 하위영역인 학업능력, 사회적 수용, 운동능력, 신체적 외양, 행동적 품행 중에서 다문화가정의 아동은 학업능력, 사회적 수용, 신체적 외양에서 특히 낮은 자기존중감이 보인다. 이러한 영역의 자기존중감이 단시간에 향상되지 않기 때문에 교사가 성급하게 접근하는 것보다 지속적이고 체계적인 개입을 시도해야 한다. 자기존중감의 다섯 가지 하위영역 중에서, 이 책에서는 주로 다문화가정 아동에게 자주 나타나는 세 가지 영역에 대한 개입을 제시한다.

(2) 다문화가정 아동의 일상생활에서 아동의 자기존중감을 향상시킬 수 있는 다양한 정보를 수집하고 즉각적인 피드백을 준다. 예를 들어, 아동의 장점, 학급에서 기여한 부분, 또래들이 보이는 긍정적인 반응 등 학교생활에서의 긍정적인 부분과 집에서 칭찬받은 경험 등의 정보를 파악하고 즉각적인 피드백과 강화를 제공한다. 또한 자기존중감이 낮은 아동에 대해 학급의 많은 아이들 앞에서 칭찬하고 다른 아이들도 그렇게 생각하도록 한다.

(3) 부모의 관심과 긍정적인 피드백이 아동의 자기존중감을 형성하는 데 중요한 역할을 한다. 따라서 다문화가정 아동의 낮은 자기존중감을 향상시키기 위해 적절한 부모교육을 통해 가정에서 부모들이 적극적으로 개입하도록 요청한다. 가정에서 아동의 존재를 소중히 여기고 아동이 자신감을 느낄 수 있게 칭찬해야 한다. 또한 아동이 긍정적인 태도와 행동을 취했을 때 즉각적인 강화를 제공하도록

한다.

(4) 다문화가정 아동의 낮은 자기존중감은 교사의 노력을 요하고 있지만 또래관계에서도 많이 다루어져야 한다. 또래와의 상호작용에서 객관적이고 긍정적인 피드백을 통해 타인이 지각하는 자신의 모습과 스스로 지각하는 자신의 모습을 인식하게 한다. 타인이 지각하는 자신의 모습과 자신이 지각하는 자신의 모습에서 오는 괴리감과 일치성을 인식하게 하고, 있는 그대로의 자신의 모습을 정확하게 바라보게 한다.

(5) 자신이 친구들과 다른 점을 있는 그대로 수용하고, 그것이 맞고 틀림의 문제나 좋고 나쁨의 문제와는 본질적으로 다르다는 것을 가르쳐 준다. 친구들과 조금 다른 것에서 자신의 가치를 낮게 평가할 필요가 없다는 점을 인식시킨다.

(6) 부모의 출신국이 후진국이거나 한국과 역사적인 감정문제가 남아 있는 경우, 아동은 또래로부터 비난과 비웃음을 받을 수 있다. 이러한 상황에서 아동들은 자기 개인에 대한 비난과 평가로 지각할 수 있으므로, 역사적인 문제에 대해서는 자신의 잘못이 아니라는 것을 분명히 표현할 수 있게 지도한다. 부모의 출신국이 후진국일 경우 많은 선진국도 비슷한 과정을 거쳐 선진국이 된 사실적인 근거를 제시하여 그러한 수치심을 극복하게 한다.

3) 상담의 장기적 목표

(1) 아동이 타인이 보는 자기(객관적 자기)와 자신이 보는 자기(주관적 자기)의 모습을 인식하고 비교할 수 있도록 돕는다.

(2) 타인이 보는 자기와 자신이 보는 자기 모습 간의 일치한 부분과 불일치한 부분을 인식하고 그 차이의 원인을 함께 탐색한다.

(3) 아동이 학교와 가정에서 잘하는 부분을 적극적으로 칭찬하여 자신에 대한 긍정적인 태도를 갖게 한다.

(4) 자신의 장단점을 객관적으로 평가하여 자신의 모습을 수용하고, 자신을 사랑할 수 있도록 한다.

(5) 신체적 특징이나 외모에 대해 조금 다를 뿐이라는 것을 인식하게 하고 자기수용을 촉진한다.

(6) 학업적 능력 저하로 인한 낮은 자기존중감은 적극적인 학업지도를 통해 극복할 수 있다는 희망을 심어 준다.

(7) 아동과 정서적 유대감을 유지하여 타인과의 긍정적인 관계를 경험하게 한다. 더 나아가 또래와 다른 사람과도 긍정적인 관계를 경험할 수 있도록 조력하고, 타인의 요구와 정서를 정확하게 이해하고 적절히 수용하거나 거절할 수 있도록 지도한다.

4) 상담목표의 구체적 접근방안

단계적 목표	구체적 접근방안
(1) 세심한 관찰을 통해 아동의 문제특성을 이해하고 적절한 상담목표를 설정한다.	1－1) 낮은 자기존중감으로 인한 문제행동을 관찰하여 지속적으로 나타나는 문제가 무엇인지 확인한다. 1－2) 학급에서 반복적으로 보이는 문제행동을 확인하고 그 원인을 탐색한다. 문제행동을 탐색할 때 아동이 더욱 위축된 모습을 보일 수 있기 때문에 지적이 아닌 조력을 느낄 수 있도록 수용적인 태도를 취한다. 1－3) 아동이 문제행동이 나타나는 상황을 어떻게 인식하는지, 그러한 상황에서 느끼는 감정과 생각을 탐색한다. 1－4) 이러한 탐색을 통해 문제의식을 느끼고 자신에게 바라는 모습을 생각해 봄으로써 아동과 함께 새로운 사고와 행동의 목표를 설정한다.

(2) 학업적 자기존중감을 향상시키기 위해 기초학업능력과 학업동기에 대해 평가하고 개입한다.	2−1) 아동의 낮은 자기존중감이 학업성취 저하에서 기인할 수 있기 때문에 그 원인의 소재를 파악하고 학업적 영역의 문제인 경우 근본적인 원인에 대한 개입으로 상담의 방향을 설정한다. 2−2) 학업에서 느끼는 무력감과 무가치감에 대해 학업능력 향상과 (5)번에서 제시한 방법을 함께 병행하는 것이 더 효과적이다. 〈구체적인 상담과정과 상담방법은 1절의 기초학습능력 부족에 대한 상담과 2절의 학업동기 부족에 대한 상담방법을 참고하기 바란다.〉
(3) 사회적 수용에 대한 낮은 자기존중감을 향상시키기 위해 또래지각 사회적 수용과 자기지각 사회적 수용을 향상시킨다.	3−1) 사회적 수용을 또래수용과 자기수용으로 나누어 보면 다문화가정 아동의 또래수용과 자기수용이 모두 낮거나 한쪽이 더 낮을 수 있다. 사회적 수용의 정도를 이 두 가지 측면으로 나눠서 평가해 본다. 3−2) 자기수용이 낮을 경우 다문화가정 아동에 대한 개입으로 (5)번 및 그 후의 과정으로 개입하는 것이 효과적이다. 3−3) 또래수용이 낮을 경우 다문화가정 아동의 자아강도를 강화하는 동시에 일반 아동에 대한 다문화교육을 실시하여 자신과 다른 사람에 대한 존중과 협력을 학습하도록 한다. 3−4) 자기수용과 또래수용이 모두 낮을 경우, 아동의 자기 내적 수용에서 출발하여 두 가지를 병행하는 방향으로 지도한다. 구체적인 절차는 (5)번 이후에서 제시하고 있다.
(4) 신체적 외양에서 느끼는 낮은 자기존중감에 대한 자기가치를 확인한다.	4−1) 신체적 외양에 대한 자기존중감이 낮은 아동들은 자신에 대한 실망과 부모님에 대한 원망을 가지기 쉽다. 어떤 신체적 특성을 갖든 똑같이 소중하고 존중받을 만한 사람인 것을 인식시킨다. 4−2) 신체적 외양이 변화하기 어렵기 때문에 아동들은 더 무기력을 느끼고 좌절을 한다. 외모의 변화는 거의 불가능하기 때문에 부정적인 정서에 대해 직접 개입하기 쉽지 않고, 개입의 효과도 잘 나타나지 않는다. 따라서 외모로 인한 부정적인 생각을 변화시켜 정서의 변화를 촉진하는 것이 더 효과적일 수 있다. 구체적인 접근은 다음 단계부터 자세히 기술하고 있다.

(5) 아동의 문제행동과 관련된 인지적, 정서적, 행동적 측면을 총체적으로 확인한다.	5-1) 문제행동은 인지, 정서, 행동적인 면에서 연계성을 갖기 때문에 문제의 원인을 정확하게 파악하려면 인지, 정서, 행동 간의 연계성을 검토해 보아야 한다. 5-2) 낮은 자기존중감을 가진 아동들은 인지적으로 자기비하적인 사고에 빠져 있으며 스스로를 타인에게 호감을 주지 못하고, 능력이 부족한 사람으로 지각한다. 5-3) 정서적인 측면에서는 누적된 좌절로 무기력하고, 때로는 우울한 모습을 보인다. 부당한 대우를 받았다고 지각할 때는 분노를 표출하는 경우도 있다. 5-4) 행동적인 면에서는 타인의 눈치를 많이 보고, 자기주장적이지 못하고, 위축되어 쉽게 타인의 의견을 따르는 경우가 많다. 또한 소극적으로 자기주장을 표출하거나 수동공격적인 성향을 보인다.
(6) 아동의 문제특성을 부모에게 알리고 학교와 가정에서 협력적으로 도움을 줄 수 있는 계획을 세운다.	6-1) 부모에게 객관적인 자료를 제시하여 아동이 학교에서 보이는 문제행동을 설명하고, 조력체계를 구축하기 위한 가정과 학교의 역할을 제시한다. 6-2) 전문적인 지식이 없는 부모의 경우 아동의 문제행동이 일시적으로 나타나는 현상이라고 생각할 수 있다. 따라서 전문적이고 객관적인 자료를 통해 이러한 문제행동이 아동의 성격형성과 정서발달에 미치는 영향을 자세하게 설명해 준다. 또한 부모와 교사의 적극적인 개입으로 변화가 가능하다는 희망을 심어 준다. 6-3) 가정에서 아동이 가치 있는 가족구성원인 것을 강조하고, 가족에게 얼마나 소중한 존재인지에 대해 느끼게 한다. 6-4) 가정과 학교에서 보이는 긍정적인 행동을 즉각적, 구체적으로 칭찬하면서 긍정적인 사고와 행동을 유도한다. 6-5) 부모와 교사의 적극적인 개입을 통해 아동이 가정과 학교에서 일관성 있게 행동하고 자기가치를 발견할 수 있게 조력을 한다.

(7) 학교생활에서 아동이 보이는 소극적이고 어두운 모습에 대해 인지적으로 개입을 시도한다.	7−1) 학교생활에서 아동은 자신을 부끄럽게 여겨 자신을 숨기고 싶어 하는 욕구가 있을 수 있다. 이에 대해 교사는 아동을 많은 아이들 앞에서 자주 노출시키지 않도록 하고 점차 자신을 수용하면서 모습을 드러낼 수 있게 조력을 한다. 7−2) 아동이 자신의 어떤 부분을 부끄럽게 여기는지에 대해 이야기를 나누고 어떤 계기로 그런 생각을 하게 되었는지를 탐색한다. 7−3) 다른 사람의 부정적인 시각과 피드백의 객관성과 정당성에 대해 이야기를 나누어 현실검증을 촉진한다. 7−4) 다른 사람의 편견이나 차별이 자신에게 어떤 영향을 주는지를 이해하고, 자신이 잘못한 것이 없다면 왜 그런 부정적인 피드백을 수긍하는지를 생각해 보게 한다. 7−5) 다른 사람의 비난이나 놀림을 다 막을 수는 없지만 비난 받을 이유가 없다는 것을 인식시킨다. 7−6) 타인의 비난과 차별에 대해 어떻게 합리적으로 대처할 수 있을지에 대해 의논하고 아동이 직접 할 수 있는 한두 가지 방법을 계획한다. 직접 실시해 보고 그 효과를 평가해 보면서 가장 적절한 대처 방안을 찾아 나간다.
(8) 낮은 자기존중감으로 인한 부정적인 감정을 인식하고 사고의 전환을 통한 정서의 전환을 촉진한다.	8−1) 낮은 자기존중감을 초래한 비합리적이고 역기능적인 생각의 내용을 탐색한다. 8−2) 자기비하, 무가치, 비호감 등 자신에 대한 부정적인 생각에서 나타난 속상함, 슬픔, 자기연민, 무력감, 억울함, 분노 등의 감정을 인식하도록 돕고 감정의 흐름에 대해 알아차릴 수 있도록 돕는다. 8−3) 관련된 부정적인 감정에 대해 그 출발점을 인식하고 생각의 흐름과 감정의 흐름을 함께 탐색하여 어떤 인지적 사고와 어떤 감정이 연계되는지를 확인한다. 8−4) 생각의 흐름과 감정의 흐름을 확인하고 비슷한 상황에서 지금까지 가지고 있던 생각이나 감정과는 다른, 보다 적응적인 대처 인지와 감정을 탐색하고 이를 재경험하게 한다.

	8-5) 새로운 대처 인지와 감정을 적극 활용할 수 있도록 반복과 시연을 통해 긍정적인 경험을 강화시킨다.
(9) 낮은 자기존중감으로 인한 부적응행동을 인식하고 새로운 대안적인 행동을 탐색해 본다.	9-1) 낮은 자기존중감과 관련된 인지와 감정을 확인한 후 그러한 인지와 정서가 어떤 문제행동을 일으키게 되는지 그 과정을 탐색한다. 9-2) 문제행동을 변화시키고자 하는 동기를 확인하고 변화에 대해 노력할 것을 지지한다. 9-2) 부적절한 문제행동 하나하나에 선행하는 구체적인 인지와 감정에 대해 명료화하고 부적절한 행동으로 표출되는 과정을 이해한다. 9-3) 문제행동에 대한 인식과 함께 새로운 행동대안을 모색하고 아동과 함께 구체적인 행동목표를 설정하여 행동수정을 시도한다. 〈행동수정은 제5장에서 제시한 절차에 따라 해당 문제에 대해 조력하는 것을 추천한다.〉
(10) 낮은 자기존중감을 향상시키기 위한 인지, 정서, 행동의 통합을 시도한다.	10-1) 아동이 지금까지 탐색해 온 자신의 인지, 정서, 행동을 종합해 보는 단계다. 10-2) 부적절한 자신의 모습에 대해 인식하고 관련된 인지, 정서, 행동을 통찰함으로써 새로운 대안적인 자신의 모습을 찾도록 적극 격려하고 지지한다. 10-3) 일상생활에서 아동이 그러한 목표를 향해 가는 과정에서 피드백을 제공하고 어려워하는 부분에 대해 구체적이고 실제적인 도움을 제공한다.

4. 정체감 혼란

1) 행동적 특성

- 자신의 부모가 왜 다른 부모들과 다른지에 대해 고민한다.
- 자기는 어느 나라 사람인지 명확히 답할 수 없다.
- 자신 또는 부모의 문화적 배경을 감춘다.
- 외국인인 아버지나 어머니의 문화를 거부한다.
- 이중문화에 대한 수용이 부족하다.
- 한쪽 문화를 지나치게 강조하거나 거부한다.
- 인지적, 정서적 혼란을 겪는다.
- 가치판단기준이 분명하지 않다.

2) 전반적 유의점

(1) 다문화가정 아동의 정체감 문제는 일반 학생들보다 더 빨리 오거나 더 복잡한 경향이 있다. 이것은 자신이 누구인지에 대한 고민을 일반 학생들보다 더 많이 하고 더 일찍 생각하기 때문이다. 다문화

가정에서 성장한 아동은 자신이 타인과 다르다는 것과 자신의 가족과 다른 가족들이 다르다는 것을 이해하려고 노력을 한다. 또한 다문화라는 배경에서 오는 다른 문제와 복합적으로 작용을 하면서 정체감 혼란을 더 많이 겪을 수 있다. 이러한 복합적인 문제는 하나하나 구분하여 접근하는 것보다 통합적으로 접근하는 것이 더 효과적이다.

(2) 자아정체감과 문화정체감의 통합이 중요하다. 다문화가정 아동의 정체감 문제는 곧 문화정체감을 형성하는 과정이기도 하다. 건전한 자아정체감은 자신의 있는 그대로의 모습을 수용하는 것이다. 다문화가정 아동의 건전한 자아정체감 형성을 위해서는 한국문화와 부모의 민족, 문화에 대한 종합적 이해와 수용이 있어야 한다. 두 가지 문화를 접촉하면서 자신과 가족들이 속한 문화를 이해하고 수용하는 것이 자아정체감의 발달의 한 가지 측면이다.

(3) 학교 및 사회적 환경에서 다문화가정 아동들이 경험하는 것들은 정체감 형성을 촉진하기도 하고 방해하기도 한다. 따라서 다문화 아동들의 경험에 대해 인식하고 긍정적인 정체감을 형성하는 데 조력을 제공하며, 자아정체감 또는 문화정체감 형성과정을 방해하는 요소를 파악하고 이에 개입한다.

(4) 정체감 형성문제는 단기간의 상담적 혹은 교육적 개입으로 완성되는 것은 아니다. 일반적으로는 정체감 형성 문제가 초등학교 고학년이나 청소년기의 주요 발달과업이지만 다문화아동에게는 아동기의 중요한 이슈이므로 초등학교 저학년부터 이러한 인식을 바탕으로 교육적, 상담적 접근을 할 필요가 있다. 정체감 형성을 위한 노력은 장기적, 지속적으로 개입할 부분이기 때문에 정체감 형성을 위한 구체적인 개입을 꾸준히 실천해야 한다.

3) 상담의 장기적 목표

(1) 아동이 '다르다'와 '틀리다'의 개념을 구분할 수 있게 객관적인 기준을 제시해 준다. 많은 사람들이 다른 것에 대한 부정적인 시각을 가지는 경향이 있기 때문에 아동들도 그러한 가치 기준을 받아들일 수 있다. 다른 것과 나쁜 것을 동일시하지 않도록 지도한다.

(2) 타인과 다른 자신과 자신의 가족을 있는 그대로 인정하고 수용하도록 한다.

(3) 친구들과 다른 자신과 가족의 장점을 발견하고 긍정적인 수용을 촉진한다.

(4) 아동과 긍정적인 관계를 형성하여 지지적 역할을 통해 아동이 바른 태도와 가치를 형성할 수 있게 한다. 더 나아가서 긍정적인 자기상과 긍정적인 타인상을 동시에 갖도록 촉진한다.

(5) 자신의 장점과 긍정적인 측면을 발휘하여 비난과 차별을 이겨 낼 수 있는 심리적 힘을 길러 준다.

(6) 한국문화에 대한 수용을 촉진하고, 동시에 부모의 문화에 대한 이해와 수용을 돕는다.

(7) 객관적으로 부모의 출신국을 바라볼 수 있게 한다.

4) 상담목표의 구체적 접근방안

단계적 목표	구체적 접근방안
(1) 아동이 자신의 이야기를 솔직히 말할 수 있도록 신뢰로운 관계를 형성한다.	1−1) 평소생활에서 다문화가정 아동이 소외되지 않도록 개방적이고 따뜻한 태도를 갖는다. 1−2) 다문화가정 아동이 교사에 대한 신뢰감을 갖도록 적극적으로 노력한다. 학급에서 발생하는 사소한 일이더라도 교사와 상의하고 조언을 받을 수 있다는 인식을 심어 준다.

	1－3) 아동에게 중요한 영향을 미칠 수 있는 사건과 활동에 대해 탐색하고 자신의 생각을 솔직히 털어놓을 수 있도록 수용적인 태도를 갖는다. 1－4) 아동이 평가나 비난을 받는다는 느낌이 없도록 이야기를 들어 주고 조언을 주는 자세를 취한다.
(2) 아동의 언어, 행동, 또래와의 상호작용 방식을 통해 아동의 특성과 장단점을 확인한다.	2－1) 학교생활 전반에서 아동이 보이는 특성과 행동을 관찰하여 아동을 이해하는 중요한 정보를 수집한다. 2－2) 아동이 자신의 경험을 표현하고 그 경험에서 무엇을 느끼고 어떤 인지적 사고와 행동적 대처를 했는지 파악한다. 2－3) 아동의 경험을 맥락적으로 이해하고 그 경험에서 아동이 갖게 된 인지적, 행동적, 감정적 경험을 구체적으로 파악한다. 2－4) 아동이 느낀 감정을 깊이 있게 공감해 주고 부정적인 사고, 바람직하지 않은 대처 방식 등을 파악한다. 2－5) 또한 아동이 지니고 있는 다양한 자원과 장점을 파악하여 문제행동이나 부정적인 사고보다 긍정적인 부분을 더 많이 부각시킨다. 2－6) 아동이 지니고 있는 장점이나 긍정적인 부분에 대해 적극적으로 피드백을 줌으로써 자신에 대해 긍정적인 신념을 갖도록 한다.
(3) 정체감 형성에 가장 방해되는 부분을 확인한다.	3－1) 정체감을 형성하는 데 방해되는 부분을 인지적, 행동적, 정서적, 환경적 측면으로 나눠 볼 수 있으며, 한 가지 측면보다 모든 측면에서의 특성을 파악한다. 3－2) 각 측면에서 왜 그러한 특성을 갖게 되었는지에 대한 누적된 원인을 파악한다. 3－3) 인지적 측면에서는 어떠한 경험으로 인해 왜곡된 인지체계가 형성되었는지를 파악하여 왜곡된 인지를 변화시킬 수 있는 다른 경험을 하게 한다. 예를 들어, '사람들은 당연히 나를 놀릴 것이다.'라는 사고를 하는 아동에게 좋은 친구와의 경험, 좋은 선생님과의 경험을 통해 왜곡된 인지를 수정하게 한다.

	3-4) 행동적 측면에서는 자신이 왜 그러한 행동을 하게 되었는지, 행동을 통해 무엇을 표현하고자 하는지, 행동한 후의 느낌 등을 인식시킨다. 그리고 다른 가능한 대안적인 행동이나 대처방법을 함께 찾아본다. 3-5) 정서적 측면에서는 자신의 특성을 이해하고 자신의 다양한 감정을 정확히 인식하며 그러한 자신에 대한 수용과 인정을 할 수 있도록 돕는다.
(4) 다름이 나쁨이 아니라는 것을 인식시킨다.	4-1) 앞에서 확인된 인지적, 행동적, 정서적 부분을 통해 자신의 모습을 재인식하게 한다. 4-2) 자신이 지닌 특성이 타인과 다른 점은 무엇이고, 다른 것에 대한 느낌과 감정은 어떤지 탐색한다. 4-3) 다르다는 것을 어떻게 해석할 것인지에 대한 가이드라인을 제시해 준다. 다른 것에 대한 가치판단을 하는 것이 적절하지 않다는 점을 인식할 수 있도록 충분히 이야기를 나눈다. 4-4) 다양성의 중요성을 인식시키고 자신과 가족이 사회에 기여할 수 있는 긍정적인 측면을 알려 주고, 그것에 대한 아동의 생각을 듣는다.
(5) 적극적인 지지를 통해 있는 그대로의 자신을 수용할 수 있게 한다.	5-1) 아동에게 긍정적인 관계, 긍정적인 경험을 제공함으로써 다문화 아동의 인지체계를 확장시켜 인지, 정서, 행동의 변화를 유도한다. 5-2) 긍정적인 경험을 통해 자신과 자신의 가족을 있는 그대로 수용할 수 있도록 적극적 지지를 제공한다. 5-3) 부모가 다른 문화에 속해 있지만 나쁜 것이 아니라 다른 것이라는 인식을 심어 준다. 그리고 다른 것으로부터 장점과 이점을 찾을 수 있다는 점을 보여 준다. 5-4) 부모의 문화에 대해 자랑해 보게 하고, 자신에게 미치는 긍정적인 영향이 무엇인가에 대해 생각해 보게 한다.
(6) 정체감 형성을 촉진할 수 있는 구체적인 영역에 대해 개입한다.	6-1) 자신이 인식하는 자기모습을 탐색하고 장점과 단점을 객관적으로 볼 수 있게 지도한다. 6-2) 타인이 보는 자신의 모습을 탐색해 보고, 왜 그렇게 생각하는지에 대해 이야기해 본다.

6-3) 자신과 타인이 보는 자기의 모습이 어느 정도 일치하는지, 그렇지 않은지 그 내용을 구체화하고 이유가 무엇인지를 검토해 본다.

6-4) 남아 또는 여아로서의 성정체감을 어떻게 형성하고 있는지를 주의해 보고 연령과 성별에 맞는 발달을 촉진한다. 동성의 또래와 같은 점과 다른 점, 왜 다른지에 대해 구체적으로 탐색하고 건강한 성정체감을 형성하도록 개입한다.

6-5) 부모의 출신국과 자신의 관계를 이해하고 부모의 문화적인 배경을 수용한다.

6-6) '다른 것'과 '틀린 것, 나쁜 것'과는 별개의 개념이라는 것을 구체적인 예시를 통해 설명해 준다.

6-7) 오히려 '다른 것'을 '틀리다' 또는 '나쁘다'라고 보는 사람들의 관점이 잘못된 것이라고 가르쳐 준다.

제 5 장

다문화가정 아동 대상 행동수정 프로그램의 실제

이 장에서는 다문화가정 초등학생의 문제행동을 개선하고 바람직한 행동을 습득하도록 도울 수 있는 행동수정 프로그램에 대해 알아본다. 실제 사례에 적용한 행동수정의 과정과 함께 컨설팅 과정도 제시하여 더욱 적용이 용이하다. 현장의 교사(컨설팅 장면에서는 컨설티와 컨설턴트)들이 각 단계를 차례로 밟아가면서 직접 행동수정 프로그램을 운영해 볼 수 있을 것이다.

제 5 장

다문화가정 아동 대상 행동수정 프로그램의 실제

다문화가정 아동의 학교적응 어려움을 조력하기 위해 문제의 유형에 상관없이 일반적으로 적용할 수 있는 행동수정의 절차에 대해 알아보고자 한다. 행동수정의 일반적인 원리와 적용 지침에 대해서는 『초등교사를 위한 문제행동 상담 길잡이』에서 이미 소개하였다. 여기에서는 컨설턴트 교사가 컨설티 교사에게 컨설팅하는 과정을 중심으로 설명하여 실제 컨설팅 과정에 그대로 적용해 볼 수 있게 하였다. 컨설팅 상황이 아니더라도 현장의 교사들은 직접 한 단계 한 단계를 실천하면서 스스로 컨설티와 컨설턴트가 되어 프로그램을 진행해 나갈 수 있다.

컨설티가 수행하는 행동수정은 여러 단계로 진행되는데, 매 단계마다 컨설턴트의 도움을 받으면서 진행하기는 어렵다. 따라서 모든 단계를 설명하지만, 반드시 컨설턴트의 확인을 받고 도움을 구해야 할 단계를 명시하였다. 그리고 컨설팅이 이루어지는 단계에서 컨설턴트가 해야 할 컨설팅의 필수 요소에 대해 함께 정리하였다.

또한 행동수정 컨설팅 과정이 실제 어떻게 적용이 될 수 있을지 보다

생생하게 느껴 볼 수 있도록 사례를 제시하였다. 실제 초등학교 현장에서 컨설팅을 받으면서 행동수정이 실시된 한 아동에 대한 행동수정과정을 따라가면서 각 단계에서 수행할 내용을 살펴볼 것이다.

행동수정의 절차는 일반적으로 행동수정 대상 선정 → 목표행동 선정 → 기초선 측정 → 행동계약서 작성 → 행동수정 프로그램 실시 → 추수점검의 과정을 거친다. 다음에 제시한 행동수정의 절차에 대한 그림은 아동에게 행동수정 프로그램을 실시하는 컨설티 교사가 해야 할 일을 중

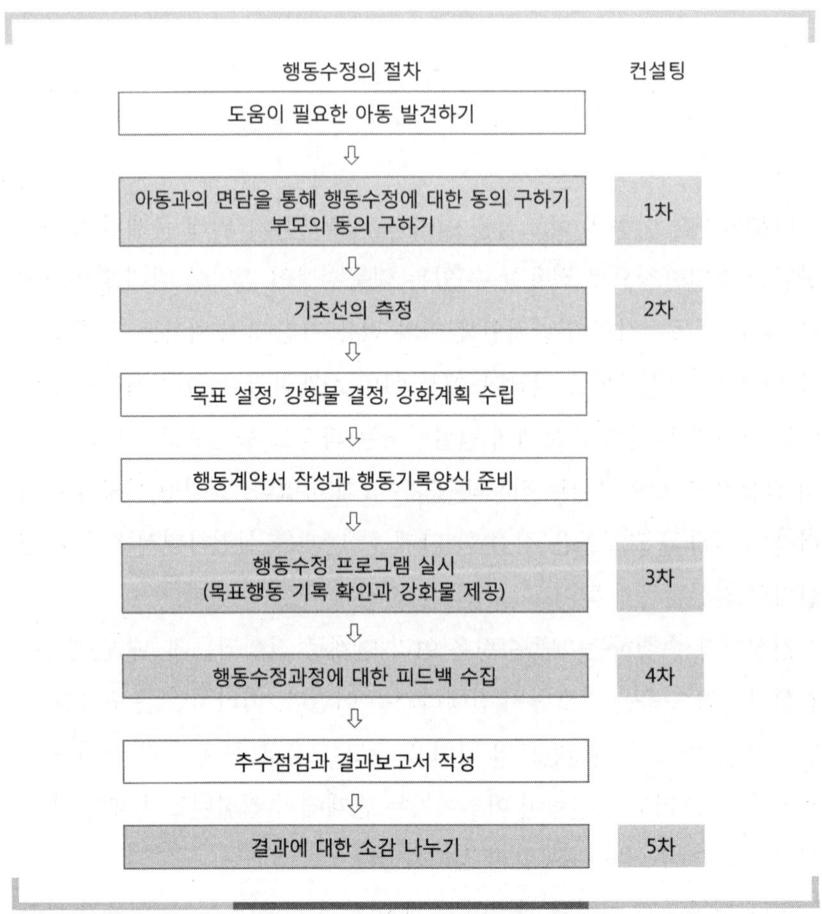

[그림 6-1] 행동수정의 일반적 절차

심으로 보다 세분화한 것이다. 각 단계에서 컨설티가 해야 할 일은 무엇이고, 컨설턴트가 해야 할 일은 무엇인지 살펴보도록 하겠다.

각 단계에 대한 설명에 앞서 각 단계를 설명할 때 예시로 제시할 사례에 대해 간단히 소개하면 다음과 같다. 비밀보장 원칙에 따라 아동, 부모, 교사의 인적사항은 모두 사실과는 다르게 각색하였다.

무원의 알림장 쓰기

무원은 초등학교 1학년 남자아이로 할머니, 아버지, 어머니, 남동생이 함께 살고 있다. 어머니가 필리핀인으로 영어를 가르치는 일을 한다. 무원도 영어를 잘하는데 학교에서는 사용하지 않는다. 무원은 집에서 재미있고 편하게 지내기 때문에 학교에 통 흥미를 느끼지 못한다는 것이 어머니의 보고내용이다.

무원의 학교생활은 엉망이었는데, 교사의 말에 집중하지 못했고 정리정돈이 전혀 되지 않았다. 글씨도 제대로 쓰지 못하는 상태였다. 수업시간에도 교사의 말을 잘 듣지 않고 책상에 계속 낙서를 하거나 가지고 있는 물건을 다 부숴 버리며 앉아 있다. 무엇보다 문제는 알림장 쓰기로, 9월 중순까지 딱 한 번 제시간에 알림장을 썼을 뿐 다른 친구들이 알림장을 다 쓸 때까지 알림장을 꺼내지도 않는다. 하지만 수업시간에 과제를 해결하지 못하여 남아서 하게 하면 아주 오래 걸리더라도 다 하고 가기는 한다는 점이 희망적이었다.

여러 문제점 중 무원과 이야기를 한 후 무원이 가장 고치기 쉽다는 알림장 제시간에 쓰기를 하기로 했다. 10월 10일부터 6주에 걸쳐 행동수정 프로그램을 실시한 결과, 프로그램 후반에 접어들어 거의 대부분 주어진 시간 안에 알림장을 다 썼고, 늦어도 10분 안에 마쳤다. 이후 이어진 추수점검 기간에도 강화물 없이 알림장 쓰기 행동이 유지되었다.

1. 1단계: 도움이 필요한 아동 발견하기

행동수정은 매우 효과적인 프로그램이지만 모든 아동의 모든 문제에 적용하는 것은 바람직하지 않다. 다문화가정 아동이라고 해서 무조건 행동수정 프로그램을 적용해 보는 것은 더욱 곤란하다. 눈에 보이는 행동을 조금 바꾸면 아동의 학교적응이 훨씬 좋아질 것이라고 예상되는 대상 아동을 잘 선정해야 한다. 이를 위해서는 아동에 대한 관찰이 선행되어야 할 것이다. 아동을 관찰할 때 주의할 사항은 문제행동에만 초점을 두지 말고 전반적인 학교적응 행동을 관찰해야 한다는 점이다. 가능한 한 구체적인 행동 사례를 기록하면서 관찰하는 것이 좋다. 대상 선정단계에서 컨설턴트 교사는 이러한 점들을 컨설티 교사에게 미리 알려 주어야 한다. 다음은 무원의 담임교사인 박 교사의 관찰내용의 일부다.

무원은 수업시간에 교사의 말을 잘 듣지 않고 책상에 계속 낙서를 하거나 가지고 있는 물건을 다 부숴 버리며 앉아 있다. 색연필 한 통을 가져오면 3일이 안 되어 다 못쓰게 되고, 지우개는 하루면 조각조각이 되어 없어진다.

하지만 수업시간에 과제를 해결하지 못하여 남아서 하게 하면 아주 오래 걸리더라도 다 하고 가기는 한다. 즉, 옆에서 누군가가 말하지 않으면 아무것도 하지 않고 계속 누군가가 말해 주면 조금씩 조금씩 한다. 알림장 쓰기도 마찬가지다. 지금까지 딱 한 번 제시간에 알림장을 쓴 적이 있지만 대부분은 다른 친구들이 알림장을 쓸 때까지 알림장을 꺼내지도 않는다. 글쓰기가 서툴러서 알림장을 쓰기 시작해서 마칠 때까지도 많은 시간이 걸린다.

2. 2단계: 행동수정에 대한 동의 구하기

행동수정 프로그램의 실시는 아동을 위한 일이지만 아동과 아동의 부모가 동의하지 않으면 진행할 수 없다. 따라서 행동수정을 적용해 볼 아동을 발견하면 아동과 면담을 통해 동의를 구한다. 어떤 경우든 아동과 부모의 동의 없이 행동수정을 실시하는 것은 바람직하지 않고, 충분한 동의가 이루어지지 않은 상태에서 프로그램이 시작될 경우 효과를 발휘하기 어렵다. 2단계는 행동수정의 전체 과정 중에서 가장 중요하면서 가장 어려운 과정이므로 시간과 노력을 충분히 투자할 것을 권한다.

무엇보다 교사는 아동을 만나기 전에 스스로 먼저 점검해 보아야 한다. 아동의 행동이 다른 아동에게 방해가 되거나 부모나 교사를 힘들게 하기 때문에 문제라고 생각하는 것은 아닌지, 정말 그 행동을 바꾸는 것이 그 아동에게 도움이 되는 일인지 반문해 보아야 한다. 이것이 바로 상담자의 윤리강령 중 가장 중요한 '내담자 복지 우선'의 원칙이다. 다른 누군가를 위해서가 아니라 그 아동의 바람직한 발달과 적응을 위해 지금 그 행동을 지속하는 것은 바람직하지 않다고 판단될 때 아동과 만나야 한다.

아동에게 먼저 면담을 할 수 있는지 허락을 구한 다음, 면담이 시작되면 지금까지 교사가 관찰하고 생각했던 내용을 솔직하게 아동에게 얘기하고, 아동은 자신의 행동에 대해 어떻게 지각하고 있는지 충분히 듣는다. 아동이 교사의 생각과는 달리 행동의 변화가 별로 필요하지 않다고 생각하고 있다면, 문제행동을 적응행동으로 바꾸면 어떤 점에서 아동에게 도움이 될 것이라고 예상하는지 알려 준다. 교사의 기대에 대한 아동의 의견을 듣고 바로 의견을 말하기 어려워하면 다음 면담을 약속하고 헤어진다.

아동도 자신의 행동이 달라지면 좋겠다고 생각하고 있었다면 아주 좋은 기회이다. 먼저 왜 행동이 달라지면 좋겠는지 아동의 생각을 물어보고, 그동안 자신의 행동을 변화시키기 위해 어떤 노력들을 해 왔는지 탐색한다. 어떤 점에서 성공했고 어떤 점에서 실패했는지 들으면서 그동안의 노력에 대해 지지하고 격려한다. 특히, 생각만으로 행동이 잘 달라지지 않을 때의 속상함과 좌절에 공감하는 것이 중요하다. 그리고 이를 토대로 행동수정이라는 새로운 방법으로 행동을 변화시켜 보자고 동의를 구하고 프로그램 참여에 대한 동기를 높인다.

무원은 교사와의 첫 면담에서 행동수정에 동의하였고, 자신도 다른 친구들에게 뭔가 못하는 학생처럼 보이는 것이 싫어서 아예 알림장을 쓰지 않는다고 말했다. 여러 가지 행동이 부적응을 보이고 있지만, 일단 알림장을 제시간에 쓰는 것부터 시작해 보기로 합의하였다.

아동과의 면담을 통해 행동수정에 대한 동의 절차를 마치면 부모의 동의를 구해야 한다. 가능하면 부모와의 면담을 통해 프로그램의 목적과 취지를 설명하고 동의를 구하는 것이 좋다. 부모가 직장일로 바빠서 학교를 방문하기 어려운 경우 전화로 프로그램의 목적과 취지를 설명하고 동의를 구한다. 교사의 관찰과정과 아동과의 면담과정에 대해 상세히 알려 가능한 한 부모가 책임감을 가지고 참여할 수 있도록 독려한다. 경우에 따라 부모가 반대할 수도 있는데, 당황하지 말고 반대의 이유를 탐색한다. 대부분의 경우 '우리 아이가 특별히 문제가 있어서 그런 것은 아닌가'라는 불안감에 기인하는 경우가 많은데, 이때는 잘 설명하여 불안을 진정시켜 준다. 교사의 노력에도 불구하고 부모가 계속 반대할 경우 더 이상 강요하지 않아야 한다.

무원과 합의하고 난 다음 박 교사는 무원의 어머니에게 학교에 직접 방문해 줄 것을 요청하였다. 어머니의 한국어가 서툴긴 했지만 서로 이야기를 나누는 데 큰 문제는 없었다. 무원의 학교생활에 대해 얘기하면서 행동수정 프로그램을 통해 알림장 쓰기 행동을 형성해 보고 싶다고 말했다. 처음에 무원의 어머니는 알림장 쓰는 것이 중요한 일이 아니라고 생각한다고 하면서 불편해했다. 박 교사는 한국의 초등학교와 부모와의 협조관계의 특성부터 시작하여 학교에서 알림장을 쓰게 하는 취지를 자세히 설명하면서 그 필요성에 대해 설득하였다. 그 결과 무원의 어머니도 흔쾌히 동의하였다.

아동과 부모로부터 동의를 얻으면 동의 절차를 모두 밟았다고 할 수 있다. 그러나 한 가지 더 노력할 부분이 남아 있다. 앞으로 아동에게 실시할 행동수정 프로그램이 순조롭게 진행되기 위해서는 학급 전체의 도움이 필요하다. 많은 교사들이 한 아동만 데리고 행동수정 프로그램을 실시하는 것을 부담스러워하는데 이 부담을 함께 나누는 것이 중요하다. 먼저, 대상 아동에게 행동수정 실시를 학급아동에게 알린다는 점을 얘기하고 부담스러워하면 알리는 시기를 조금 더 늦춘다. 무엇보다 도움이 필요할 때 도움을 받는 것은 용기 있는 일이고, 도움을 통해 더 나아질 수 있다는 것을 보여 주는 것은 자랑스러운 일임을 알려 준다. 학급전체 아동들에게 대상 아동이 어떤 점에서 도움이 필요한지 설명하고 함께 도와주면 좋겠다고 독려한다.

무원의 사례의 경우 이 부분에 대해 박 교사가 슈퍼바이저에게 직접 질문했던 사항이다. 박 교사는 학급 아동들에게 무원의 행동수정 프로그램을 공개하기 전에 걱정을 많이 하고 있었다. 슈퍼바이저는 안심을 시키면서 얘기할 것을 권하였다. 무원도 다른 친구들에게 얘기하는 것에 대해 불편해하지 않는다고 말했고, 학생들도 동의했다. 이후 부적응 행동을 보이는 두어 명의 아동이 자신들도 도움이 필요하다고 박 교사에게 호소하는 일이 있었는데, 무원과의 행동수정이 종료될 때까지 기다려 보고 그때도 도움이 필요하면 고려해 보자고 했고, 아동들도 동의했다.

↘ 1차 컨설팅에서 해야 할 일

- 아동의 문제를 행동수정을 통해 도울 경우 아동에게 어떤 점이 도움이 될 것이라고 생각하는지 명료화한다.
- 아동과의 면담과정을 점검한다.

- 부모와의 면담과정을 점검한다.
- 행동수정에 합의한 목표행동이 목표로 적합한지 점검한다.
- 아동과 부모와의 면담과정에서 어려웠던 점에 대해 이야기를 나누고 지지하고 격려하며 도움이 필요할 경우 조언한다.
- 아동 또는 부모의 동의를 구하지 못했을 경우 새로운 대상을 선정한다.
- 행동수정 프로그램 실시가 결정되면 이를 학급 아동에게 설명하고 협조를 구했는지 확인한다.

3. 3단계: 기초선의 측정

행동수정에 합의를 하고 난 다음 가장 먼저 해야 할 일은 행동수정을 통해 변화시키기로 한 행동이 자연상태에서 얼마나 일어나고 있는지를 객관적으로 확인하는 일이다. 문제행동을 감소시키는 것이 목표라면 그 문제행동에 대해 관찰 · 기록하고, 적응행동을 증가시키는 것이 목표라면 그 적응행동에 대해 관찰 · 기록한다. 행동의 빈도나 지속시간 중 어떤 면을 대상으로 할 것인가에 따라 관찰방법도 달리해야 한다. 어떤 행동을 관찰하고 어떻게 기록할 것인지를 계획하고 기록지부터 작성한다. 그리고 기록지가 준비되면 아동의 행동을 관찰하고 기록한다.

무원의 경우 알림장을 쓰는 행동을 증가시키는 것이 목표였고, 알림장을 얼마나 썼나와 알림장을 모두 쓰는 데 걸리는 시간이 둘 다 중요했다. 따라서 박 교사는 아래와 같은 기록표를 만들어 무원의 알림장 쓰는 행동을 3일 동안 관찰하고 기록하여 기초선을 마련하였다.

확인 내용	기초선 확인 기간 (3일간)		
	3월 28일	3월 29일	3월 31일
알림장 검사할 때 알림장을 쓴 정도	하나도 쓰지 않았다.	6번까지 있었는데 1번 조금 쓰다 말았다.	2~3글자 정도 썼다.
알림장 쓰는 시간이 끝나고 난 후 더 소요한 시간	약 20분	약 35분	약 10분

기초선을 측정하는 목적은 아동이 성취할 수 있는 적절한 목표 수준을 설정하기 위한 것이다. 그리고 기초선을 기록할 때 사용한 관찰방법과 기록방법을 실제에 적용할 수 있는지 판단하는 기회도 된다. 따라서 기초선을 측정한 이후에는 관찰과 기록방법도 결정하고, 아동의 평균 수행 수준을 산출하여 그 수준 또는 그 수준보다 조금 높은 곳에서 목표를 설정하게 될 것이라는 점을 예상하게 된다.

무원의 경우 알림장을 쓰는 양이 거의 2~3글자 수준이었고, 교사의 지도에 따라 알림장 쓰기를 마치는 데 약 25분 정도가 소요되는 것으로 확인되었다. 이에 박 교사와 슈퍼바이저는 알림장 쓰기시간에 교사가 지도하는 것을 전제로 하고, '알림장을 써야 하는 시간 이후 20분 안에 알림장 쓰기 마치기'를 처음 목표로 삼는 것이 적절할 것이라고 보았다.

2차 컨설팅에서 해야 할 일

- 아동의 행동을 객관적으로 관찰하고 기록한 과정을 점검한다.
- 앞으로 행동수정을 실시할 경우 적절한 관찰방법과 기록방법을 결정한다.
- 행동의 관찰과 기록 과정에서 예상되는 어려움이나 문제가 무엇인지 확인하고, 그에 대한 대책을 마련한다.
- 기초선 측정 결과에서 평균 빈도 또는 지속시간을 계산하여 가능한 목표 수준을 잠정적으로 정한다.

4. 4단계: 목표와 강화물 정하기

기초선 측정 결과를 가지고 아동과 다시 면담을 진행한다. 4단계에서는 행동수정의 목표를 설정하고 그 목표에 도달했을 때 아동이 받을 강화물을 선정한다.

먼저 기초선 측정 결과를 토대로 교사가 고려했던 목표 수준에 대해 아동에게 얘기하고 해 볼 수 있겠는지 의사를 타진한다. 너무 어려울 것 같다고 말하는 아동도 있을 수 있고, 너무 쉽다고 말하는 아동도 있을 수 있다. 너무 어려울 것 같다고 말할 경우 어느 정도이면 한번 도전해 볼 만한지 그 수준을 스스로 제안해 보라고 하고, 가능하면 아동의 의견을 수용하여 목표를 결정한다. 그러나 너무 쉽다고 말하는 아동에게는 평균 수준을 유지하는 것도 쉽지 않으니 일단은 쉽게 출발해 보고 잘되면 목표를 올려 가자고 말한다. 가능하면 아동이 많은 노력을 들이지 않고 도달할 수 있는 수준의 목표를 정하는 것이 좋다.

박 교사는 무원에게 기초선의 평균에 가까운 '알림장 쓰는 시간이 끝나고 20분 안에 알림장 다 쓰기'를 최초의 목표로 하자고 제안을 했고, 무원도 이 제안을 받아들였다.

다음으로 강화물을 선정하게 되는데, 강화물 선정 원리에 대해서는 『초등교사를 위한 문제행동 상담 길잡이』의 행동수정의 원리 부분을 참고하기 바란다. 어떤 강화물을 선정할 것인가와 함께 언제 어떻게 강화를 제공할 것인가도 아동과 의논해야 한다. 교실 상황에서 강화물을 바로바로 주기가 곤란할 경우 토큰 프로그램을 활용할 수 있다. 이때 토큰을 강화물로 바꾸는 데 너무 많은 시간이 걸리지 않도록 주의해야 한다. 적어도 행동수정 프로그램이 시작된 지 2~3일 내에는 모든 토큰으로 강화물을 교환할 수 있도록 하는 것이 좋은데, 그래야 프로그램에 대한 동기가 계속 유지될 수 있다.

무원은 처음에는 강화물에 대해 큰 생각이 없었다. 그래서 교사가 선물을 말하면 무원이 좋다고만 말하는 식으로 강화물을 정하였다. 강화물을 그때그때 주기보다는 칭찬 스티커를 모아서 일정한 개수가 되면 강화물로 교환하기로 하였고, 처음 정한 내용은 아래와 같다.

① 칭찬 스티커 15개: 남은 후식 먹기 쿠폰(학급쿠폰)
② 칭찬 스티커 30개: 급식 1등으로 먹기 쿠폰(학급쿠폰)
③ 칭찬 스티커 45개: 색연필 1세트
④ 칭찬 스티커 60개: 선생님과 자장면 먹기
⑤ 칭찬 스티커 75개: 무원이 읽고 싶은 책 선물

⑥ 칭찬 스티커 90개: 문화상품권 1만원

그런데 행동수정에 들어가자 무원은 강화물에 대한 자기의 생각을 말하기 시작했고, 행동수정이 시작되고 하루 만에 강화물을 아래와 같이 바꾸었다.

① 칭찬 도장 15개: 먹지마 지우개
② 칭찬 도장 30개: 플러스 1개(학급쿠폰)
③ 칭찬 도장 55개: 줄자
④ 칭찬 도장 80개: 플러스 2개(학급쿠폰)
⑤ 칭찬 도장 105개: 청소 하루 쉬기(학급쿠폰)

그리고 보다 행동수정에 대한 동기를 높이기 위해 알림장에 적을 내용이 많으면 많을수록 점수를 더 부여하고, 20분보다 더 빨리 마칠 경우에도 가산점을 주기로 했다.

5. 5단계: 행동계약서 작성하기

목표와 강화물을 정한 다음에는 그 내용을 행동계약서로 작성하여 아동, 부모, 교사가 서명을 하고 각자 한 부씩 나눠 갖는다. 가능하면 아동, 부모, 교사가 한자리에 모여 작성하고 서명하는 것이 좋지만, 부모가 참여하기 어려운 경우 아동을 통해 부모의 서명을 받을 수 있다. 이때 행동계약서만 아동에게 보내기보다는 행동계약서 작성과정을 글로 써서 보내거나 전화로 알리는 것이 필요하다.

아동에게 수여하는 강화물이 따로 돈을 들여 구입해야 할 물건일 경우 교사가 준비할 수도 있고 부모가 준비할 수도 있는데 가능한 한 부모에게 준비해 줄 것을 요청하는 것이 좋다. 아동이 도달했을 때 사 주라고 요청하기보다는 강화물을 미리 받아 교사가 가지고 있다가 목표에 도달

행동계약서

1. 목적: 알림장을 쓰는 시간에 알림장 쓰기를 마칠 수 있다.
2. 기간: 2007년 10월 10일~11월 17일(6주간)
3. 실천할 행동: 알림장을 제시간에 쓰기
4. 보상 방법
   1) [기록표]에 교사가 관찰하여 기록하여 알림장 쓰기가 끝나면 무원과 표를 점검하면서 강화를 한다.
   2) 강화계획

목표행동	1~2번까지 있을 때	3~4번까지 있을 때	5~6번까지 있을 때	6번이 넘을 때
알림장 쓰는 시간이 끝나고 20분 안에 알림장을 다 썼다.	1	2	3	4
알림장 쓰는 시간이 끝나고 15분 안에 알림장을 다 썼다.	2	3	4	5
알림장 쓰는 시간이 끝나고 10분 안에 알림장을 다 썼다.	3	4	5	6
알림장 쓰는 시간이 끝나고 5분 안에 알림장을 다 썼다.	4	5	6	7
알림장 쓰는 시간 안에 알림장을 다 썼다.	5	6	7	8

   3) 강화물
      ① 칭찬 도장 15개: 먹지마 지우개
      ② 칭찬 도장 30개: 플러스 1개
      ③ 칭찬 도장 55개: 줄자
      ④ 칭찬 도장 80개: 플러스 2개
      ⑤ 칭찬 도장 105개: 청소 하루 쉬기
      ⑥ 칭찬 도장 130개: 캐릭터인형

위의 내용에 동의하며 행동수정을 위해 최선을 다해 실천할 것을 약속합니다.

2007년 10월 8일

계약자 아 동: ○ 무 원 (인)
부 모: ○ ○ ○ (인)
담 임: 박 ○ ○ (인)

했을 때 즉시 주는 것이 가장 효과적이다. '아빠와 축구 30분 하기'와 같이 가정에서 전적으로 강화물 제공을 책임져야 할 경우 그 가능성에 대해 충분히 타진하고 결정해야 한다. 또한 목표에 도달한 즉시 강화물을 제공해 주는 것을 약속하는 것이 행동계약서의 내용임을 부모에게 다시 한 번 강조한다.

행동계약서에 아동, 부모, 교사가 서명을 마치면 사본을 만들어 아동, 부모, 교사가 각각 1부씩 보관한다. 아동의 행동계약서는 잘 보이는 곳에 붙이거나 항상 볼 수 있도록 휴대하여 항상 행동수정 프로그램을 하고 있음을 알아차릴 수 있도록 해야 한다.

앞의 쪽에 있는 것은 무원의 행동계약서인데, 행동수정 기간, 목표행동, 보상방법 등을 정확하게 명시해야 하고, 반드시 아동, 부모, 교사의 서명이 있어야 한다.

행동계약서에 명시된 내용대로 행동수정을 진행하기 위해 필요한 행동기록지와 토큰도 함께 준비해야 한다. 기록양식에 대해 아동과 의논하여 기록지를 함께 작성하고, 누가 관찰하고 누가 기록할 것인가에 대해서도 결정해야 한다. 교사나 아동이 직접 관찰하기 어려운 경우 다른 아동의 도움을 구할 수도 있다. 점수를 사용하여 어느 점수 이상이 되면 강화물로 교환할 경우는 점수가 바로 쿠폰으로 사용되기 때문에 쿠폰을 만들 필요가 없지만, 그렇지 않을 경우 쿠폰도 제작해야 한다. 쿠폰은 무엇

> 알림장을 쓰는 시간 동안은 박 교사가 무원의 행동을 관찰하는 것이 어렵지 않았기 때문에 직접 관찰하고 기록하는 방법을 선택하였다. 무원이 수행한 행동 수준에 따라 점수만큼 별(★)표 도장을 찍어 주는 방식으로 기록하였다.

보다 분실하지 않도록 보관이 용이해야 하고, 쉽게 위조할 수 없는 것으로 정해야 한다.

6. 6단계: 행동수정 실시하기

1~5단계까지의 긴 준비기간을 거쳐 드디어 행동수정 프로그램에 들어가게 된다. 자칫 본격적인 프로그램을 실시하기 이전에 이렇게 많은 준비를 해야 하는지에 대해 의문을 가지고 보다 빨리 프로그램에 들어갈 수 있지 않을까라고 생각할 수도 있다. 그러나 준비과정이 철저하지 않으면 행동수정 프로그램을 성공적으로 수행하기 어렵다는 점을 기억하고 반드시 정해진 절차를 지킬 것을 권한다.

아동의 행동을 관찰하고, 기록하고, 그 결과에 따라 강화를 제공하는 것이 행동수정 프로그램의 진행과정이다. 행동을 변화시키기 위한 노력이 강화물을 통해 강화 받으면서 행동변화가 더욱 가속화되고 유지되는 것이다. 따라서 행동수정을 시작하고 2~3일 이내에는 강화물을 받을 수 있어야 효과적이다.

이 과정에서 교사와 아동의 접촉이 많아진다는 것이 또 다른 중요한 변화 기제이다. 교사의 관심을 표현할 구조를 만들어 주는 것이 바로 행동수정 프로그램이라고 할 수 있다. 행동수정 프로그램이 아니라면 교사가 정말 그렇게 면밀히 아동의 행동을 관찰하고, 매일 매일 아동의 행동 기록 확인을 위해 잠깐씩이라도 면담을 하고, 조금의 행동변화에 칭찬하기가 쉽지 않다.

아동의 행동을 관찰하고 기록하는 데 별다른 문제가 없는지 확인해야 한다. 특히, 수업시간처럼 교사가 아동의 행동만을 관찰하기 어렵고 아동 스스로 자신의 행동을 관찰하는 것이 용이하지 않은 경우 짝이나 다른 아동이 기록을 대신할 수 있다. 이때 그 아동의 관찰과 기록이 정확한지, 그로 인해 수업에 방해를 받고 있지는 않은지, 대상 아동과의 관계에서 문제가 발생되지는 않는지 등도 점검해야 한다.

무원은 행동수정을 시작하면서부터 알림장을 비교적 열심히 썼다. 다음은 행동수정을 시작한 첫날 박 교사의 관찰내용이다.

"평소 아주 오랫동안 알림장을 썼는데 행동수정에 들어가자 알림장을 시간 안에 쓰려고 노력하는 모습이 보였고 알림장 쓰는 시간이 끝나고 5분 안에 알림장을 다 쓴 것은 아주 놀라운 일이었다."

무원의 경우는 알림장을 쓰는 시간에 관찰하고 기록하면 되기 때문에 교사가 직접 관찰하고 기록하는 데 별다른 문제는 없었다. 다음은 행동수정 실시 2주 후인 중간점검 시기까지의 무원의 수행결과다.

무원은 첫날부터 의욕을 보이면 열심히 알림장을 시간 내에 쓰기 위해 노력하였고, 그 결과 프로그램 시작 후 3일 만에 첫 번째 강화물인 '먹지마 지우개'를 받을 수 있었다. 그 이후로도 꾸준히 목표에 도달하려고 노력을 보이고 있었고, 5일 이내에 다음 강화물을 받을 수 있었다. 또한 무원은 강화물을 받을 때마다 교사가 예상했던 것보다 더 좋아했다. 따라서 중간점검에서 계속 프로그램을 유지할 것을 지도하였다.

★	★	★	★	★	★	★ 10/10	★	★	★	★	★	★ 10/11
★	★	★	★	★	★ 10/12	★	★	★	★	★	★ 10/15	★
★	★	★	★	★ 10/16	★	★	★	★	★ 10/17	★	★	★
★	★ 10/18	★	★	★	★	★	★ 10/19	★	★	★	★	★
★ 10/20	★	★	★	★ 10/22	★	★	★	★	★	★ 10/23	★	★
★	★	★ 10/24	★	★	★	★	★ 10/25	★	★	★	★	★ 10/26

↘ 3차 컨설팅에서 해야 할 일

- 행동수정 프로그램을 시작한 다음 1~2주가 지나면 어떻게 진행되고 있는지 그 진행상황을 점검하고, 필요한 경우 계획을 수정한다.
- 행동수정의 목표가 적절한지 강화물이 효력이 있는지를 확인하는 것이 3차 컨설팅의 가장 중요한 일이다. 이를 위해 경우에 따라서는 강화물을 철회하는 반전 기간을 두기도 한다. 반전 기간 동안의 행동을 관찰하고 기록하면서 강화물이 행동변화에 효과를 나타내고 있는지 여부를 확인할 수 있다.
- 행동수정 이후 2~3일 내에 강화물을 받지 못했다면 목표를 하향 조정할 필요가 있다. 목표가 높아서 성취하지 못한다면 아무리 좋은 목표라도 소용이 없다.

• 종종 교사나 학생들이 너무 높은 목표를 세우는 경우가 있는데, 그 최종목표에 도달하기 위해 아주 작은 목표의 성취에서부터 출발해야 한다는 점을 충분히 설명한다.
• 아동이 열심히 하려는 의욕을 보이지 않는다면 강화물의 매력도에 대해 점검해 보아야 한다. 매력도가 떨어진다면 보다 매력도가 높은 강화물로 즉시 교체한다.
• 목표나 강화물이 달라지면 그 내용을 행동계약서에 반영하여 수정한다.
• 자칫 강화물을 너무 쉽게 받는 것 같아 목표를 상향 조정하고 싶다고 생각하는 경우도 있는데, 대부분의 경우 그럴 필요는 없다. 강화물을 받기 위해 아동은 최선의 노력을 하고 있는 것이므로 그 노력에 대해 칭찬하고 계획대로 프로그램을 진행하도록 컨설티 교사를 격려한다.

7. 7단계: 피드백 수집하기

앞서 언급한 바와 같이 행동수정의 과정은 교사가 아동에게 관심을 표현할 수 있는 구조를 제공한다는 면에서 가장 큰 의의를 갖는다. 이 부분을 충분히 살리기 위해 교사와 아동이 행동수정이라는 프로그램을 매개로 어떻게 만나고 있는지를 기록하고 점검하는 것이 필요하다.

교사는 가능하면 하루에 한 번 이상 아동과 만나 그날의 기록을 확인해야 한다. 확인하면서 목표와 비교하여 어떤 진행을 하고 있다고 생각하는지 아동의 생각을 먼저 묻고 진행과정을 점검한다. 순조롭게 진행되고 있는 경우라면 어떻게 그렇게 잘할 수 있었는지, 잘되지 않는 경우라면 어떤 점이 어려운지 아동과 함께 이야기를 나눈다. 노력을 기울이고 있는 부분에 대해서는 격려하고, 어려움을 호소하는 부분에서는 어떻게 극복할 수 있을지 함께 의논하고 대책을 세운다. 여기에서 교사가 해야 할 가장 중요한 일은 아동의 변화를 아동이 알아차릴 수 있도록 언급할 기회를 주고 그에 대한 객관적인 피드백을 제공하는 것이다. 이때 아동의 행동변화와 동반된 생각의 변화, 감정의 변화도 함께 수집하여 이러한 변화가 아동 자신에게 어떤 영향을 미치는지 아동과 교사가 함께 알아 나간다.

아동의 변화가 다른 아동에게 어떤 영향을 미치고 그것이 학급전체에 어떤 영향을 미치는지에 관한 자료도 수시로 수집한다. 행동수정 대상 아동, 행동수정 프로그램 진행을 돕는 아동, 학급 전체 아동 등 다양한 정보원을 수집한다. 또한 교사 스스로의 관찰을 통해 아동의 변화가 대상 아동, 주변 아동, 학급 전체에 미치는 영향을 확인하고 그 내용을 학급 전체 아동에게 알린다.

또한 대상 아동의 학교에서의 변화에 대해 부모에게도 알리고, 아동의 변화에 대해 부모가 충분히 칭찬할 수 있도록 격려한다. 그리고 가정에서의 생활에 어떤 변화가 있는지에 관한 자료도 수집한다. 추상적이거나 일반적으로 좋아졌다는 피드백을 할 경우 보다 구체적으로 어떤 행동이 어떻게 좋아졌는지 탐색적 질문을 하여 부모가 아동의 변화를 실감할 수 있도록 촉진한다.

무원의 경우 교사는 아동의 기록표와는 별도로 교사 기록 양식을 다음과 같이 따로 만들어 매일 매일 일기를 쓰듯이 자신의 관찰 내용, 아동과의 면담 내용, 부모와의 면담 내용 등을 기록해 나갔다.

행동수정 프로그램이 잘 진행되어 가면 프로그램 종료 일주일 전 정도에 프로그램을 종료해도 될 것인지 점검한다. 프로그램을 마치는 것에 대해 아동은 어떻게 느끼는지와 강화물이 없이 어떻게 자신의 행동변화를 유지할 수 있을 것인지에 대해 이야기를 나눈다. 갑자기 프로그램에

날짜	알림장 쓴 정도	관찰내용
10월 10일	〈강화계획 변경 전〉 알림장이 5번까지 있었고 알림장 쓰는 시간이 끝나고서 **5분 안에 다 썼다**(도장 7개).	얼마 전 행동수정에 들어가지도 않았는데 알림장을 알림장 쓰는 시간 안에 다 쓴 적이 있었다. 그리고 그 후에는 평소처럼 아주 오랫동안 알림장을 썼는데 행동수정에 들어가자 알림장을 시간 안에 쓰려고 노력하는 모습이 보였고 알림장 쓰는 시간이 끝나고 5분 안에 알림장을 다 쓴 것은 아주 놀라운 일이였다(기준에 5분 안이라고 했지만 실제로 다 쓴 것은 1, 2분 후였다).
10월 11일	〈강화물 변경〉 알림장이 2번까지 있었고 알림장 쓰는 시간이 끝나고서 **5분 안에 다 썼다**(도장 6개).	도장을 무원에게 직접 찍게 하여 어제 도장을 7개나 찍은 것이 재미있었던 모양이다. 도장을 찍는 재미에 알림장을 열심히 쓴 것 같다. 그리고 내일 열심히 하면 먹지마 지우개를 받을 수 있는 것에 기대를 하고 있었다.

서 떠날 경우 어려울 수 있기 때문에 강화물은 주어지지 않지만 기록은 계속하는 추수점검 기간이 있다는 것도 알리고, 얼마 동안 진행하는 것이 좋을지 아동과 의논하여 결정한다.

무원은 6주간 행동수정 프로그램을 실시하고, 2주간 추수점검에 들어가기로 합의하였다. 프로그램이 종료되는 것에 대해 무원의 태도는 후반으로 가면서 점점 안정되어 갔다. 다음은 교사가 무원의 종결에 대한 태도에 대해 정리한 내용이다.

전에는 무원에게 선생님과 하는 도전이 끝나면 어떨 것 같느냐는 질문을 하면 잘 모르겠다는 대답을 하곤 했었다. 하지만 후반기에 들어서는 다 끝나도 자기가 노력하면 할 수 있을 것 같다는 말을 많이 했었다. 사실 이 말이 그냥 하는 말이라도 나는 무원이 다 잘할 것이라는 생각이 들었다. 무원은 원래 긍정적인 대답을 잘 안 하기 때문이다.

프로그램이 다 끝나갈 무렵 무원에게 또 많이 했던 질문은 "이제 끝나 가니까 어때? 그동안 기분이 어땠어?"였다. 무원은 이 도전을 하면서 자기가 잘하고 칭찬받아서 좋았다고 하면서도 이 도전이 끝나 가니까 좋다고 했다. 그 이유는 알림장을 시간 안에 쓰는 것이 힘들었기 때문이라고 했다.

↘ 4차 컨설팅에서 해야 할 일

- 4차 컨설팅은 행동수정 프로그램이 후반기에 접어든 시점에서 실시한다.
- 교사가 아동을 얼마나 자주, 얼마나 진정으로 만나고 있는지 확인하고 격려하는 것이 가장 중요한 일이다. 너무 바쁘다는 이유로 관찰과 기록을 아동에게 맡기고 점검하지 않을 경우 프로그램을 통한 아동의 변화를 기대하기는 힘들다는 점을 강조한다.
- 교사가 관찰과 추측만 하고 직접 아동이나 부모의 피드백을 받지 않는 경우가 있는데 이 점에 대한 점검도 철저히 해야 한다. 박 교사의 경우도 무원의 마음을 미루어 짐작하거나 관찰된 행동만 기록하였다. 무원과 부모에게 직접 탐색적 질문을 하고 그 자료를 기록할 것을 권하였다.
- 교사가 관찰하고 면담한 내용을 반드시 기록하도록 해야 한다. 가능한 한 수시로 교사의 기록 내용을 함께 보면서 프로그램의 진행과정을 평가하고, 계획을 수정할 필요가 있는지의 여부를 결정한다. 프로그램의 내용은 언제라도 수정할 수 있다는 개방적 태도로 컨설팅에 임해야 한다.
- 학생과의 면담이나 부모와의 면담을 어려워할 경우 그 이유를 탐색하고 어려움을 극복할 수 있도록 조력한다.

- 잘 진행되고 있는 부분에 대해 격려하고, 교사가 얼마나 노력하고 있는지 충분히 칭찬하고 지지한다.
- 프로그램 종료를 준비시키고, 추수점검 계획을 확인한다. 반드시 아동과 부모와의 합의를 통해 종결과 추수점검이 이루어져야 함을 다시 한 번 강조한다.

8. 8단계: 추수점검하기

이제 행동수정 프로그램을 마치고 강화물이 없는 상태에서도 아동의 행동이 유지될 수 있도록 점검하는 단계이다. 일반적으로 행동수정 프로그램을 통해 행동을 변화시키기 위해서는 3개월 정도의 시간이 걸린다고 한다. 그러나 학교는 매학기 단위로 일이 진행되기 때문에 현실적으로 10주 내외로 진행하는 것이 일반적이다.

추수점검에서는 강화물만 제공하지 않을 뿐 모든 과정은 지금까지와 동일하다. 관찰하고, 기록하고, 기록한 내용을 확인하고, 행동변화에 대한 아동의 생각과 감정을 탐색한다. 그리고 칭찬이나 미소와 같은 사회적 강화는 예전과 동일하게 제공한다.

강화물이 없어지면서 행동변화가 유지되지 못하고 원상태로 돌아간다면, 아직 행동수정 프로그램을 마칠 때가 아니다. 다시 강화계획을 점검하고 더 지속해야 한다. 이때 행동수정 프로그램이 실패했다고 지각하지 않도록 주의해야 한다. 다만 시간이 부족했던 것이다.

행동수정 프로그램 초반부터 행동변화가 급격하게 나타나서 계속 유지되는 경우 행동수정 프로그램을 조기에 종료해도 될 것 같다는 판단을 내리기 쉬운데, 보다 신중할 필요가 있다. 변화된 행동은 강화가 없는 자연상태에서도 그대로 유지되어야 하는데, 그렇게 되기 위해서는 행동의 습관화가 필요하고, 이를 위한 절대적인 시간이 주어져야 한다.

무원은 행동수정 프로그램이 종료된 후 첫날만 알림장을 쓰지 않았고, 2주 동안의 추수점검 기간 동안에도 알림장을 쓰는 행동을 계속 유지하였다. 다음은 추수점검 기간 동안의 박 교사의 관찰보고 내용이다.

> 추수지도 첫날을 제외하고는 무원은 알림장을 열심히 썼다. 첫날에 무원이 알림장을 잘 쓰지 않았을 때, 나는 화가 나거나 실망한 것은 아니었으나 무원에게 서운한 느낌이 들었다. 그래서 무원에게 나의 서운한 마음을 전했고 무원은 나의 마음을 알아준 듯하다. 추수지도 기간 동안 가장 기특했던 것은 알림장을 쓰고 안 쓰고를 떠나서 알림장을 아무 생각 없이 꺼내는 무원의 모습이었다. 알림장을 꺼내는 것은 이제 완전히 무원의 것이 되었구나 하는 생각이 들었다.

추수점검을 마치면 전체적인 과정을 결과보고서로 작성한다. 결과보고서는 한꺼번에 처음부터 끝까지 작성하기보다 각 단계마다 자신이 했던 내용을 정리해 두고 그것을 하나로 통합하는 과정이다.

결과보고서에는 실제 행동수정 프로그램을 진행하면서 어떤 일이 일어났는지, 그에 대해 아동과 교사는 어떻게 느끼고 생각하고 대처했는지에 대한 내용이 잘 드러나 있어야 한다. 또한 컨설팅을 받은 내용과 그 내용을 프로그램에 적용한 과정과 결과도 포함시켜야 한다.

9. 9단계: 결과에 대한 소감 나누기

추수점검이 끝나고 교사의 결과보고서 작성이 완료되면 아동과 마지

막 면담시간을 갖는다. 가능하다면 부모도 함께 참석하도록 요청하고, 부모의 참석이 불가능할 경우 부모의 소감문을 미리 받아 준비한다.

소감 나누기 시간을 미리 준비하면서 어떤 얘기를 어떤 순서로 나눌 것인지에 대해 계획하는 것이 좋다. 즉흥적으로 얘기하기보다는 교사의 소감문도 미리 작성해 두는 것이 좋다. 다음은 박 교사가 무원과 무원 어머니와 함께 나누기로 한 자신의 소감문 중의 일부다.

> 처음에는 이런 프로그램을 한다고 무원이 바뀔 거라는 생각을 사실 많이 안 했다. 초반에는 잘하다가 나중에 원래로 돌아가겠지 생각을 했다. 하지만 무원은 처음부터 끝까지 비슷한 패턴으로 유지했다. 그리고 내가 무원을 지지해 주면 줄수록 무원이 열심히 거기에 부응하려고 노력하는 모습은 무원의 새로운 발견이었다. 그래서 무원에 대한 믿음이 생긴 것 같다. 어쩌면 이 프로그램은 무원을 위한 것이 아니라 나의 마음 변화를 위해서 한 프로그램 같다는 느낌이다. 프로그램이 끝났을 때 무원이 원래의 모습으로 돌아간다고 하더라도 전처럼 그렇게 괴로울 것 같지는 않다. 왜냐하면 무원의 노력하는 모습을 충분히 보았고 내가 그 노력에 지지를 해 주면 무원도 거기에 힘을 얻어 더 나아갈 수 있다는 것을 알았기 때문이다. 나와 무원에게 이 프로그램은 서로의 마음트기 프로그램이었던 것 같다.

교사는 아동과 부모와 함께 행동수정 프로그램에 대한 전반적인 평가 모임을 주도한다. 아동에게 먼저 행동수정 프로그램 동안 있었던 일을 회고해 보게 하고, 전반적인 평가와 소감을 이야기해 보라고 한다. 다음으로 부모의 얘기를 듣고 부모가 참석하지 못한 경우 미리 받아 둔 소감문을 아동과 함께 읽는다. 마지막으로 교사의 소감을 솔직하게 아동과 부모와 나눈다.

행동수정 프로그램을 통한 아동의 행동변화는 아동이 앞으로 살아가면서 해 나갈 행동변화의 작은 시작임을 아동과 부모에게 알리는 것이 결과에 대한 소감 나누기 단계의 또 다른 목적이다. 행동수정은 매우 비용이 많이 드는 행동변화의 방법이다. 자칫 모든 행동을 이렇게 고비용의 방법으로 변화시키려고 하는 것은 바람직하지 않다. 이제 아동은 행동변화를 시작하였고, 이를 기점으로 많은 변화를 해 나갈 능력과 자신감을 획득한 것이 가장 큰 성과임을 확실히 하는 단계다.

↘ 5차 컨설팅에서 해야 할 일

- 5차 컨설팅은 컨설티 교사가 '결과에 대한 소감 나누기'를 마친 후에 실시할 수도 있고, 사전 준비를 돕는 컨설팅을 실시할 수도 있다.
- 5차 컨설팅에서 무엇보다도 중요한 것은 행동수정 프로그램의 성과를 확인하는 것이다. 아동 입장에서의 성과와 교사 입장에서의 성과를 구분하여 각각 확인해야 한다. 성과 평가를 위해 질문지를 사용할 수도 있고, 성과를 평가할 수 있는 개방질문을 할 수도 있고, 소감문을 받는 방식으로 진행할 수도 있다. 또는 컨설팅 프로그램에서 요구하는 방법이 따로 있다면 그것을 따라야 할 것이다.
- 어떤 방법을 선택하든지 컨설턴트는 성과를 평가할 방법을 미리 계획하고 준비하는 것이 좋고, 그 내용에 대해 컨설티 교사에게 알려준다.
- 컨설티의 결과보고서를 점검하고 명료하지 않은 부분이나 수정해야 할 부분이 있으면 지도하여 최종본을 완성할 수 있도록 한다.
- 컨설턴트도 컨설팅 결과보고서를 작성하여 컨설팅 과정을 마무리한다. 컨설티의 결과보고서와 컨설턴트의 결과보고서를 하나의 세트로 묶어 따로 보관한다.

제 6 장

다문화가정 아동 친구 사귀기 집단상담의 실제

이 장에서는 다문화가정 초등학생의 대인관계능력을 증진시켜 줄 수 있는 집단상담 활동을 소개한다. 많은 다문화가정 아동들이 친구 사귀기나 교사 대하기를 어려워해 위축되어 있거나 외톨이로 지낸다. 때로는 집단따돌림을 당하는 경우도 있다. 여기에 소개된 집단상담 활동은 대인관계에서 어려움을 겪는 다문화가정 아동을 조력할 뿐만 아니라, 어려움이나 문제를 미리 예방하는 역할도 할 것이다.

여기에 소개된 4회기의 집단상담 프로그램을 모두 실시할 수도 있고, 경우에 따라 한 회기씩을 따로 활용할 수도 있다.

나를 소개합니다

활동의 목표

집단원들이 서로에 대해 알아 가는 초기단계로 자신을 소개하고, 타인에 대한 궁금증을 갖게 하는 것이 활동의 목표다. 이를 위해 자신을 솔직하게 개방하고, 타인에 대한 관심을 가지며 동질감을 느끼고, 집단에 대해 응집력과 안전감을 갖게 한다.

준비물

이름표, 크레파스, 활동지

진행과정 지침

- 서로를 알아 가는 과정에서 별칭을 짓고 소개하는 정도로 운영한다. 별칭은 자신이 원하는 모습, 되고 싶은 사람, 느낌이 비슷한 사물이나 동물 등과 연관지어 생각해 볼 수 있다고 안내한다.
- 집단지도자가 시범으로 활동지에 별칭을 적고 간단하게 소개한다. 예를 들어, 지도자가 "나는 선생님이지만, 이 모임에서는 '바람'이라고 이름을 지었어요. 왜냐하면 나는 사람들 볼에 닿는 따뜻하고 상큼한 바람의 느낌을 닮고 싶어서요. 지금부터 여러분들은 나를 '바람'이라고 부르면 돼요."
- 집단원들이 자신의 별칭을 짓고 활동지에 적은 후, 집단지도자는 활동지의 내용에 따라 자신을 구체적으로 소개한다.
- 집단원들이 별칭을 짓는 데 어려움이 없다면 3~5분 정도의 시간을 주고 다 지을 때까지 기다린다. 아주 어려워하는 아동이 있다면 탐색적인 질문을 통해 소원이나 희망사항을 확인하고 별칭으로 연결할 수 있도록 지도한다.
- 별칭을 다 짓고 활동지의 내용에 따라 자신을 소개한다. 자신이 좋아하는 것과 싫어하는 것을 말하고, 자랑하고 싶은 것을 한 가지 말한다.
- 집단원들이 자신을 소개할 때 너무 간단하게 발표하여 내용이 충분하지 않으면 탐색적, 개방적 질문을 통해 내용을 풍부하게 소개하도록 한다.

- 다른 집단 구성원들도 소개한 아동에 대해 관심과 호기심으로 질문할 수 있도록 분위기를 조성한다. 집단원들이 소개하는 아동에 대해 궁금해한다면 적극적으로 질문할 수 있게 하고, 이에 대해 지지적인 피드백을 준다.

유의사항

- 집단 초기단계에서 참여를 유도하고 서로에 대해 호기심을 갖는 과정에서 지나치게 장난을 치는 아동이 있을 수 있다. 그런 경우 집단에 적절한 방식으로 참여하도록 시범을 보여 준다. 언행 자체에 대해 반응하는 것보다 그러한 언행 이면의 마음을 읽어 주고 밝은 모습을 칭찬하면서 집단에 적합한 방식으로 반응하도록 지도한다.
- 반면 지나치게 위축된 아동이 있을 때, 장점이나 칭찬받은 경험 등을 질문하고, 집단 안에서 보이는 장점을 칭찬하면서 집단에서 소외되지 않고 적극적으로 참여할 수 있도록 동기를 부여해 준다.
- 별칭 짓는 것을 많이 어려워하는 아동의 경우 조금 더 생각해 보라고 하고, 지도자가 장점을 발견해서 임시 별칭을 지어 줘도 무방하다. 나중에 원하는 별칭이 있으면 수식어로 사용하거나 변경해도 좋다.
- 소개하는 것을 어려워하는 아동은 자신을 가장 잘 아는, 또는 가장 많은 시간을 같이 보내는 사람이나 장난감의 입장에서 소개하도록 지도한다.
- 어려워하는 아동에 대해서는 강요를 받는다는 느낌보다 수용받고 있다는 느낌으로 집단을 운영하는 게 중요하다. 집단규칙을 잘 지키지 않는 아동의 경우, 지도자와 보조지도자가 솔선수범으로 모범을 보여 주고, 또한 집단에 도움 되는 말과 행동에 대해 적극적으로 칭찬을 한다.

별칭 짓기 활동지

나의 별칭은?

(   )

내가 이 별칭을 선택한 이유

■

■

■

■

■

■

색안경은 싫어요

활동의 목표

이 회기에는 타인이 보는 자신의 모습에 대해 생각해 본다. 특히 다문화가정 아동에 대한 주변의 시선을 개방함으로써 동질집단에서 더욱 동질감과 지지를 얻을 수 있을 것이며 차별이나 편견을 겪으면서 누적된 부적절감, 스트레스 등에 대한 카타르시스를 느낄 수 있을 것이다. 더 나아가서 사회적인 편견과 차별에 대한 다양한 대처법을 공유한다.

준비물

표정그림 얼굴막대기

진행과정 지침

- 이 회기는 타인이 보는 자신의 모습을 생각해 보는 시간이라고 안내한다. 타인이라면 부모, 형제, 학교 선생님, 친구, 친척들, 동네사람

들 등 다양한 사람들이 있을 수 있다. 이번 회기에서는 사회적 편견이나 차별 등을 다루기 때문에 부모, 학교 선생님, 친구 등의 관계에서 생기는 편견보다 일반적인 사회적 편견을 다루는 시간이다.

- 아동들에게 일상생활에서의 대인관계에 대한 설명을 하고 사람들과의 만남과 관계 속에서 사람들이 자신을 어떻게 보는지를 생각해 보게 한다.
- 많은 사람들과 만나면서 친해지고 또는 소원해지는 것을 표현할 수 있게 한다. 좋은 사이, 안 좋은 사이에 대한 표현을 적극적으로 할 수 있게 지도한다.
- 특히 사람들의 편견에 대해 표정그림 얼굴막대기를 활용하여 역할연기를 지도한다.
- 다양한 경험을 자유롭게 공유하고 부정적인 감정에 대한 카타르시스를 느낄 수 있도록 지도한다. 역할연기, 빈 의자 기법 등을 활용하여 쌓아 두었던 부정적인 감정, 하고 싶은 말을 하게 한다.
- 경험을 공유하고 부정적인 시선이나 차별에 대한 다양한 대처법을 나누고 효과적인 대처법을 개발하도록 격려하고 지도한다.

유의사항

- 이번 회기와 같이 부정적인 경험과 부정적인 감정에 대해 자유롭게 표현하는 회기에서는 아동들이 평가받고 있다는 느낌을 받지 않아야 한다.
- 사회적 편견과 차별에서 아동들은 적절치 못한 대처법을 제시할 수도 있다. 이에 대해 지도자는 부적절한 대처법의 역효과를 설명해 주고, 그러한 대처법을 사용하는 이면의 마음을 이해해 주되 적절한 방법을 같이 나눌 수 있게 한다.

표정그림 얼굴막대기를 이용한 역할연기

아이들이 일상생활에서 차별받은 경험에 대해서 얘기를 나누고 그 상황을 역할연기 해 보도록 한다. 이때 겉으로 드러나는 감정과 실제 속에서 느끼는 감정을 표정그림 얼굴막대기로 표현하게 해 보고 그 얼굴막대기가 무엇을 나타내고 있는지 어떤 감정인지를 설명해 보게 지도하면서 실제 느끼는 감정을 접촉하여 수용하고 나아가서 대처법을 생각해 보고 이야기를 나눈다.

놀리는 친구와도 친해요

활동의 목표

다문화가정 아이에게 외모적 특징이나 가정형편 등을 소재로 놀리거나 따돌리려고 하는 친구에게 자신의 행동과 감정을 효과적으로 전달하는 방법을 배운다. 집단원들이 함께 경청과 자기의사를 표현하는 방법을 배우면서 역할연습을 통해 효과적인 의사소통방법을 학습한다.

준비물

얼굴색이 다른 가면, 빨간색 원이 그려진 팻말(집단원의 수만큼), 파란색 원이 그려진 팻말(집단원의 수만큼), 화이트보드

진행과정 지침

- 화이트보드에 놀리는 친구들이 자주 사용하는 말의 목록을 작성한다.
- 한 명이 '다문화가정 아동'임을 나타내는 얼굴색이 다른 가면을 쓰고, 다른 학생들은 놀리는 학생의 역할을 맡아서 역할연기를 한다.

이때 다문화가정 아이의 역할을 돌아가면서 하도록 한다.

- 역할연기를 하면서 느낀 감정들을 이야기한다.
- 친구가 놀릴 때 다문화가정 아이가 하게 되는 말이나 행동을 발표한다.
- 다른 집단원들이 발표를 할 때 어떻게 적극적으로 경청할지에 대해 안내한다.
- '나 전달법'과 '너 전달법'을 안내한다. 이 방법을 사용해서 대응할 수 있는 말을 집단지도자가 먼저 시범을 보인다.
- 화이트보드에 적은 각 문장에 대해서 '나 전달법'을 사용해서 어떻게 대응할 수 있을지에 관해서 이야기를 나눈다.
- '나 전달법'을 사용해서 다시 한 번 역할연기를 해 보고, 느낌을 이야기한다. 이전에 역할연기를 할 때와의 차이점를 살펴보고, 이야기를 나눈다.
- 'Do 언어'에 대해서도 같은 과정을 통해 연습한다.
- '나 전달법'과 'Do 언어'를 다른 어떤 상황에서 쓸 수 있는지에 관해서 이야기하고, 일상생활에서 실천할 것을 적극 권장한다.

유의사항

- 말의 목록을 작성할 때, 학생들의 발표를 통해서 구성되도록 한다. 이때, "○○가 이런 말 많이 했어요~"라는 식으로 집단원의 잘못을 들추어내거나, 비난하는 분위기가 형성되지 않도록 유의한다. 친구의 놀림에 대해서 싸움이나 비난, 욕설 등의 거친 말이 아닌, 다른 대응방식도 가능함을 깨닫도록 발표를 유도한다. 이때, 집단지도자가 지시적이거나, 지나치게 도덕적인 방향으로 접근하지 않도록 유의한다.
- 실생활에서 사용할 수 있도록 다양한 상황에서 반복적으로 실시한다.
- '나 전달법'과 'Do 언어'를 활용할 때 너무 어린 학생들은 어려워하니 4학년 이상 아동에게 적용하는 것이 적절할 것으로 보인다.

집단지도자 참고자료

■ **바람직한 경청 자세(비언어적 행동)**

① 좋은 자세
몸의 위치, 움직임, 표정 등이 관심도를 전달하므로 신체적으로 이완되고 평안하고 자연스러운 자세를 취한다. 먼저, 상대방을 향해 앉아야 하고, 가끔 상대방 쪽으로 약간 몸을 기울이는 것이 상대의 말에 관심이 있다는 메시지를 상대에게 줄 수 있다.

② 눈맞춤
상대방에게 부드러운 시선의 접촉을 유지함으로써 우리의 관심을 그에게 전달할 수 있다. 온화한 시선을 줌으로써 그의 언동에 주의를 기울이고 있으며, 그가 전달하고자 하는 의사의 내용을 경청하고 있다는 사실을 상대방에게 알릴 수 있다.

③ 얼굴표정과 음색
유쾌한 얼굴표정, 격려적인 미소, 그리고 수용적이고 친절한 음조는 상대방에 대한 진정한 관심과 흥미를 전달하게 한다.

④ 즉시적 반응
상대방이 전달하고자 하는 의사를 이해하려고 애쓰고 있다는 사실을 나타내는 언어 및 비언어적 반응을 상대방의 말 직후에 해 주도록 한다. 적절한 고개의 끄덕임, 음음, 아, 응 등의 간단한 언어반응 등이 대표적인 예다.

■ **경청의 내용**

① 상대방의 음성언어 경청하기
음성언어란 바로 말해진 내용을 의미한다. 상대방의 음성언어에 의해 전달되는 내용은 사실이나 사건, 상대방의 생각, 상대방의 정서 또는 감정으로 대변해 볼 수 있다.
이들 세 요소는 쉽게 구분되지 않을 뿐만 아니라 때로는 서로 관계를 갖고 얽혀 있어서 이 구분은 단지 개념적이고 잠정적인 것이다. "어제 친구와 다투었다."라는 말은 단지 있었던 사건의 보고일 뿐만 아니라 친구에 대한 분노(감정)를 포함하기도 한다.

② 상대방의 비음성언어 경청하기

표정, 손발의 움직임, 몸의 자세, 목소리, 자율신경계통에 의한 몇 가지 생리적 반응들은 매우 다양한 메시지를 전달한다. 상대방의 말 이외의 비음성적 메시지에 매우 민감해야 한다. 말 이외의 비음성 언어 체제를 분류해 보면 다음과 같다.

- 눈: 시선, 눈 깜박임, 눈물을 글썽임, 눈에 힘이 들어감
- 몸의 자세: 웅크림, 뒤로 젖힘
- 손발의 동작: 움직임, 주먹을 쥠
- 얼굴표정: 미소, 미간을 찌푸림, 무표정
- 목소리: 톤의 고저와 강약, 유창성, 떨림
- 생리적 반응: 홍조, 창백해짐, 호흡, 땀, 동공확대
- 기타: 복장, 화장, 머리길이, 모양, 청결

■ **나－전달법과 너－전달법**

① 나－전달법

상대방의 행동에 대한 자신의 감정을 기술하고, 거기에 대한 나의 반응을 표현하는 방법이다. 나－전달법은 상대방에 대한 평가나 해석이 아니라 자신이 느끼는 감정과 경험을 표현하는 것이다. 자신의 감정을 상대방에게 솔직하게 드러낼 때 우리는 그 사람을 훨씬 잘 이해할 수 있고 신뢰로운 분위기에서 서로의 내면을 보게 됨으로써 보다 친밀한 인간관계를 이룰 수 있다.

예) "네가 나한테 허락도 받지 않고 내 연필을 가져가서 기분이 나빴어."

② 너－전달법

'너'를 주어로 하여 상대방의 행동에 대해 평가하고 비판하는 대화 방식이다. 상대방의 마음에 상처를 주어 인간관계를 파괴시킬 수도 있고, 상대방에게 일방적으로 강요하거나 공격하는 느낌을 줄 수도 있다.

예) "넌 항상 날 무시하더라."

■ Do 언어와 Be 언어

① Do 언어

상대방의 문제가 되는 행동을 구체적으로 가리켜 표현하는 말이다. Do 언어를 이용한 표현방식은 상대방의 문제행동을 평가나 비판 없이 구체적으로 지적하기 때문에 자신의 어떤 행동이 잘못된 것인지를 인식하고 태도나 행동을 변화시킨다.

예) "어제 내가 화장실 다녀올 동안 조금만 기다려 달라고 했는데 그냥 갔더라."

② Be 언어

상대방의 행동을 전반적인 성격특성이나 인격으로 확대시켜서 규정짓는 식의 표현을 말한다. 상대방은 자신의 인격이 평가된 듯한 느낌을 받게 되고 상호 간의 감정이 손상될 우려가 있다.

예) "넌 너무 이기적이야."

■ **주장적 자기표현 배우기**

상대방의 인격과 권리를 존중하면서도 자신의 감정과 생각을 정확하게 전달하고 표현하는 것으로서 원만한 인간관계 형성에 많은 도움이 된다. 나-전달법과 Do 언어를 사용한다.

문제가 되는 행동 + 행동의 영향, 나의 감정 + 요구하거나 원하는 행동방식

예 1) "내가 키가 작다고 놀려서 너무 속상했어. 다음부터 날 놀리지 않았으면 좋겠어."

예 2) "내 얘기는 듣지도 않고 막 화를 내서 억울했어. 다음부터는 내 얘기부터 먼저 들어줘."

우리는 한 배에 탔어요

활동의 목표

집단에서 경험했던 새로운 감정이나 느낌을 정리해 본다. 이러한 새로운 경험과 감정이 다른 상황에서도 유용하며 이후 생활에서 중요한 감정 양식으로 자리 잡을 수 있음을 강화해 준다.

준비물

배를 표현할 수 있는 줄, 빈 용지, 필기구

진행과정 지침

- 워밍업을 끝내고 활동공간의 바닥에 줄을 이용하여 배와 파도 모양을 만든다.
- 태풍 속에서 돛단배를 탄 사람들이 같은 마음으로 힘을 합쳐야 안전하게 탈출할 수 있다는 것을 설명해 준다.
- 집단구성원들이 지금까지 함께해 오면서 얼마나 같은 마음을 가지게 되었는지를 알아본다.

- 집단지도자가 시범으로 집단에서 경험했던 것과 느끼는 감정에 대해 제시해 준다.
- 같은 경험이 있거나 같은 감정을 느낀 친구들이 배에 들어가게 한다.
- 다른 친구들은 파도의 역할을 해서 배를 탄 친구들이 흔들리게 한다.
- 배에 탄 친구들이 같은 방향으로 일정하게 움직이면서 안정을 찾도록 한다.
- 안정감을 찾은 후, 당시의 경험이나 감정에 대해 모든 집단원들이 자유롭게 얘기하게 한다.
- 몇 가지 중요한 내용을 중심으로 이러한 활동을 진행해도 된다.

유의사항

- 워밍업을 통해 분위기를 형성하고 배와 파도의 느낌을 나도록 준비한다.
- 새로운 경험들이 자기 혼자만의 경험이 아니고 많은 친구들이 느끼는 경험이라는 것을 다시 한 번 일깨워 준다.
- 또한 부정적인 상황에서 함께 마음을 합치면 극복할 수 있다는 것을 알게 한다.

각 회기에 활용할 워밍업 활동

네가 먼저 가위바위보

가위바위보의 결과와 관계없이 상대의 승패를 먼저 이야기하는 사람이 이기는 게임으로, 허를 찌르는 즐거움을 느낄 수 있는 게임

① 두 사람씩 짝을 지어 마주 앉는다.

② 서로 왼손의 손바닥을 맞댄다.

③ 가위바위보를 하고 결과를 상대방의 입장에서 이야기한다.

④ 실제로 이기고 진 것과는 상관없이 "네가 이겼다, 네가 졌다."라고 상대방의 승패를 재빨리 먼저 말하는 사람이 승자가 된다.

⑤ 승패가 결정되는 동시에 승자는 상대방의 손등을 때린다.

⑥ 맞을 경우 손바닥을 비껴서 피할 수 있다.

소문내기 게임

자연스럽게 경청의 소중함을 일깨워 줄 수 있는 게임으로, 게임을 하다보면 우리가 얼마나 듣는 일에 미숙한지를 알게 된다.

① 한 모둠의 조장이 나와서 카드의 내용을 보고 본 내용을 다음 사람 귀에다 속삭여 준다.

② 두 번째 사람은 들은 내용을 다시 세 번째 사람에게 귀에다 속삭여 준다.

③ 계속 이야기를 다음 사람에게 속삭여 주고 모둠의 마지막 사람은 들은 내용을 나와서 이야기한다.

④ 진행자는 그 이야기와 처음 카드에 적힌 내용과 비교하여 더 잘한 모둠을 뽑는다.

- 준비물: 소문낼 내용을 적은 카드(다음은 소문카드의 예시)

오늘은 준희의 생일이어서 엄마는 준희가 가장 좋아하는 사과파이를 만들어 주신다고 하셨어요.
그래서 준희는 엄마랑 시장에 갔는데, 거기에서 작년에 전학 간 동영이를 만났어요.

등 대고 고개 돌리기(고양이와 쥐)

자연스럽게 파트너와 등을 맞대면서 긴장을 풀고 친숙해질 수 있는 계기를 주는 게임이다.

① 2인 1조로 등을 대고 앉는다(게임에서 지면 벌칙이 있다는 것을 알려준다).

② 가위바위보를 하여 이긴 사람은 고양이, 진 사람은 쥐가 된다.

③ 하나, 둘, 셋을 외치면 서로 오른쪽/왼쪽 원하는 방향으로 고개를 돌린다.

④ 고개가 서로 만나면 고양이가 승리, 서로 고개가 엇갈렸을 경우는 쥐가 승리하게 된다. 5번을 해서 승자를 정한다.

⑤ 이긴 사람이 진 사람의 귀를 맘껏 흔들 수 있는 기회를 주겠다고 하고 서로 마주 보고 앉게 하여 귀를 잡게 한다.

⑥ 아직 흔들지는 말라고 한다. 이때 진 사람에게 이긴 사람의 겨드랑이를 간지럽게 하라고 이야기한다(자연스럽게 웃음을 유발할 수 있다).

귀 코 바꾸기

단순한 듯하지만 빠르게 코와 귀를 잡은 손의 위치를 바꾼다는 것이 쉽지 않다. 엉뚱한 곳에 가 있는 손을 보면서 저절로 웃음이 나오게 된다. 자연스러운 웃음을 유도할 수 있다.

① 먼저 박수를 두 번 친다.

② 빠르게 오른손은 자신의 코를 잡고 왼손은 오른쪽 귀를 잡는다.

③ 다시 박수를 두 번 친다.

④ 다시 빠르게 이번엔 왼손을 코로 오른손을 왼쪽 귀로 옮겨 본다.

⑤ 빠르게 이 과정을 되풀이한다.

⑥ 처음에는 조금 느리게 박수치기와 코 귀 잡기를 하다가 학생들이 조금 더 익숙해졌다는 생각이 들면 점점 더 빠르게 해 나간다. 노래에 맞추어서 하면 더 재미있게 할 수 있다.

손으로 열까지 수세기

일상에서 늘 하는 손가락으로 수 세기를 평소와 다른 방식으로 하면서 뇌의 감각을 깨우고, 즐거움을 느낄 수 있다.

① 왼손 엄지손가락만 접은 상태에서 왼손 검지와 오른손 엄지손가락을 동시에 접으면서 하나를 센다.

② 계속해서 차례대로 수를 세면서 접어 나가 손가락이 다 접히면 다시 펴면서 숫자를 센다.

③ 열을 셀 때 처음과 같은 상태로 남아 있도록 한다.

④ 처음 한 번은 조금 느리게 하고 그 다음은 조금 더 빠르게 한다. 이때 자신도 모르게 열 손가락을 다 펼치며 열을 세게 되는 경우가 많다.

⑤ 응용도 가능하다. 왼손은 주먹, 오른손은 보자기의 상태에서 주먹은 새끼손가락부터, 보자기는 엄지손가락부터 차례대로 숫자를 세며 접어 나간다. 역시 열을 셀 때는 처음의 상태로 되어 있어야 한다.

⇨ 주의: 반드시 앞에서 선을 보이는 진행자가 능숙하게 할 수 있도록 철저히 연습을 해 두어야 한다.

부 록

1. 다문화가정 아동의 학업문제 관련 검사

2. 다문화가정 아동의 문제행동에 대한 조사 결과

1. 다문화가정 아동의 학업문제 관련 검사

1) 취학 전 아동의 수용언어 및 표현언어 발달척도(PRES)

(1) 소개

언어발달수준이 2~6세에 해당하는 아동들의 수용언어 및 표현언어능력을 측정하여 검사 대상자의 또래집단과 비교하여 그 상대적 위치를 밝히는 데 목적을 둔다. 본 검사를 통해 아동의 언어발달이 정상적으로 이루어지고 있는지, 아동의 언어발달에 지체가 있는지, 아동의 수용언어 및 표현언어 발달 간의 차이를 분석할 수 있다. 본 검사의 문항들은 언어의 의미론, 구문론, 화용론 측면을 모두 포함하고 있으므로 언어의 수용·표현 측면뿐 아니라 구체적인 언어영역들에 대한 대략적인 평가도 가능하다.

(2) 특징

① 언어의 구체적인 하위 구성영역(의미론, 구문론, 화용론)을 모두 포함하고 있으므로 특정 구성영역에서의 결함이나 우세함으로 전반적인 언어능력이 결정되지 않도록 하고 있다.

② 언어의 의미론, 구문론, 화용론 측면을 포함해서 수용·표현 측면뿐 아니라 구체적인 언어영역에 대한 평가가 가능하다.

③ 검사 문항이 많고 복잡한 문항들이 있어서 검사 실시 시간이 오래 걸린다.

(3) 검사 기본 정보

- 개발자: 김영태, 성태제, 이윤경
- 목적: 취학 전 아동의 전반적인 언어발달을 평가하기 위해 개발됨
- 대상: 2~6세의 정상아동, 언어발달 지체나 장애를 나타낼 가능성이 있는 아동
- 실시형태: 개별검사
- 소요시간: 30분

(4) 구성

검사지침서 1부, 검사지 10부, 그림자료책, 사물자료

(5) 검사의 내용

이 검사는 수용언어영역과 표현언어영역의 문항이 각각 45개씩, 총90개의 문항으로 이루어져 있다. 두 영역 모두 15개의 언어발달 단계로 구성되어 있으며, 각 단계는 1세 6개월에서 4세까지는 3개월 간격으로, 4세 1개월에서 6세 6개월까지는 6개월 간격으로 나뉘어 있다. 이러한 구별은 4세 이전에는 기본적인 어휘와 간단한 문장구조의 습득이 빠르게 이루어지는 반면, 그 이후에는 이미 습득된 어휘 및 문장구조가 좀 더 복잡해지고 정교화되면서 다소 느린 속도로 습득되는 데 기초한 것이다.

(6) 검사결과의 해석

① 언어장애: 아동의 통합언어 발달연령이 생활연령보다 2세 이상 낮은 경우다.

② 약간의 언어발달 지체: 통합언어 발달연령이 생활연령보다 1세 이

상 2세 미만 정도로 낮게 산출된 경우다.

③ **정상 범위**: 통합언어 발달연령이 생활연령과 1세 미만 정도로만 차이를 보이는 경우다.

④ **다소 빠른 언어발달**: 통합언어 발달연령이 생활연령보다 1세 이상 높게 산출된 경우다.

⑤ **특정 언어영역의 장애**: 수용언어 발달연령과 표현언어 발달연령이 2세 이상 차이가 나는 경우다(예: 수용언어장애, 표현언어장애).

⑥ 어휘 및 문장구조, 또는 의사소통기능 등에서 아동의 강점과 약점을 고찰하여 언어훈련이나 중재가 필요할 경우 장·단기 계획을 수립하는 데에 활용한다.

2) 기초학습기능검사(KEDI-IBLT)

(1) 소개

언어기능, 수기능, 정보처리 기능이 복합된 일종의 검사도구 형식을 취하는 개인용 표준화 검사다. 이 검사의 결과는 학년 규준, 연령 규준, 학년 및 연령별 백분위 점수를 알 수 있도록 하여, 그 아동의 현재 위치와 다른 아동과의 비교가 가능하다. 또한, 아동의 조정된 정신연령과 비교하여 아동의 잠재능력과 학업수행능력 간의 차이가 있는지를 알아볼 수 있다. 그리고 정보처리, 셈하기, 읽기 Ⅰ · Ⅱ, 쓰기의 5가지 하위 검사 간의 의미 있는 차이가 있는가를 알아볼 수 있다.

특히, 아동의 학습수준이 정상과 어느 정도 떨어지는지 알아보거나, 학습 집단 배치에서 어느 정도 수준의 집단에 들어가야 하는가를 결정하는 데, 특수교육 요구아동의 구체적인 개별화 교육계획을 작성하는 데,

유치원이나 초등학교의 일반 아동들의 기초학습기능 또는 기초능력을 평가하는 데 사용된다.

(2) 특징

① 학생들의 선수학습능력이나 학습결손상황의 파악, 학생들이 부딪치고 있는 학습장애의 현상이나 요인 등을 밝혀내고 개별화 교육 프로그램을 작성하는 데 기여한다.

② 미취학아동의 조기취학의 가능 여부 판별, 미취학 아동의 수학 여부 판별, 선수학습능력과 학습의 결손상황 파악, 학습장애 요인 분석, 아동 학습수준의 정상과의 이탈도를 판정, 각 학년별, 연령별 규준을 설정하여 학력성취도를 쉽게 알 수 있다.

(3) 검사 기본 정보

- 저자: 김희년
- 목적: 언어, 수, 정보처리 등 초등학교 일반 아동의 기초학습기능을 측정하고자 함
- 대상: 유치원부터 초등학교 6학년(능력이 부족한 장애 아동을 대상으로 기초능력을 평가)
- 실시형태: 개별검사
- 소요시간: 1시간~1시간 30분

(4) 구성

지침서 1권, 기록용지 20부, 정보처리 1권, 읽기 Ⅰ · Ⅱ 각 1권, 쓰기 1권, 셈하기 1권

(5) 검사의 내용

① **정보처리**(관찰, 조직, 관계 짓기): 60문항

• 정보에 대한 학습자의 지각과정, 자극에 반응하는 시각 · 운동과정, 시각적 기억과 양, 길이, 무게 및 크기에 대한 관찰능력
• 묶기, 분류하기, 공간적 특성과 시간에 따라 순서 짓기 등의 조직 능력
• 학습자의 추론 및 적용 능력, 유추, 부조화된 관계 알기 등의 관계 능력을 측정한다.

② 셈하기: 60문항

숫자 변별, 수 읽기 등 셈하기의 기초 개념부터 간단한 가 · 감 · 승 · 제, 십진 기수법, 분수, 기하, 측정 영역의 계산 및 응용문제 등 실생활에 필요한 기초적인 수학적 지식과 개념을 측정하는 문항들로 구성되어 있다.

③ 읽기 I (문자와 낱말의 재인): 50문항

문자(낱자와 낱자군)를 변별하고 낱말을 다른 사람들이 이해할 수 있는 언어음(speech sound)으로 읽는(발음) 문항들로 구성되어 있으며, 읽기능력을 측정하는 검사다.

④ 읽기 II (독해력): 50문항

문장에 나타난 간단한 사실과 정보를 기억하고 재생하여 그 문장의 의미를 가장 잘 나타내는 그림 예시문을 고르도록 하는 문항들로 구성되어 있다.

⑤ 쓰기(철자의 재인): 50문항

- 사물, 숫자, 기호 및 문자를 변별하는 능력
- 낱자의 정확한 철자를 아는 능력
- 낱말의 정확한 철자를 아는 능력을 측정한다.

(6) 검사 결과의 해석

① 백분위 점수의 산출 및 해석

백분위란 같은 학년 또는 같은 연령집단 내에서 한 개인의 위치를 알고자 할 때 사용되는 점수로서, 어떤 한 점수의 백분위란 규준집단에 있어서 그 점수보다 낮은 점수를 받은 사람들의 전체에 대한 백분율을 말한다. 원점수를 가지고 백분위를 알아보기 위해서는 요강에 나와 있는 백분위 산출표를 이용해야 한다. 백분위를 가지고 한 개인의 점수를 해석할 때는 백분위가 동간성을 갖고 있지 않으므로 점수를 가감승제할 수가 없고, 백분위와 원점수는 직접적으로 비교할 수 없다는 점을 주의해야 한다.

② 학년(연령) 점수의 해석

학년 점수란 한 개인의 검사 결과를 여러 학년 집단의 검사 결과와 비교하는 것이 아니라 각 학년 학생들이 받은 원점수의 중앙치와 비교하여 학년 수준으로 표시되는 점수를 말한다. 연령 점수도 학년 점수와 비슷하다. 다만 생활연령을 이용한다는 점만 다르다. 학년 점수와 연령점수를 알아보려면 요강('부록'의 학년 규준표와 연령 규준표)을 이용하면 된다.

③ 프로파일 작성

이 검사는 학년 규준 점수 프로파일, 학년 규준 백분위 점수 프로파일, 연령 규준 점수 프로파일, 연령 규준 백분위 점수 프로파일 등 4종류의 프로파일을 작성할 수 있다. 이런 프로파일을 통해 각 소검사 간의 차이와 생활연령, 정신연령, 지능지수 및 학력(기초학습기능) 간의 차이를 알 수 있다.

3) BASA: 읽기검사(기초학습기능 수행평가체제)

(1) 소개

실시가 간편하고, 시간이나 비용이 적게 들기 때문에 자주 실시할 수 있는 지역 규준의 개인용 표준화 검사다. 이 검사는 읽기능력을 진단하고, 형성평가로 활용이 가능하며, 학습효과를 확인하고 이에 맞게 진도나 교수계획, 중재계획을 수립하는 데 유용하게 사용될 수 있다. 또한 읽기능력을 직접 측정할 수 있기 때문에 아동이 전체 집단에서 차지하는 상대적인 위치에 대한 정보를 넘어서 읽기와 관련하여 어떤 부분이 부진한가를 확인해 볼 수 있다는 장점이 있다. 진단과 더불어 교수계획이나 중재의 효과를 평가하고 아동의 읽기수행능력의 성장을 모니터링하는 데에도 사용할 수 있다.

(2) 특징

① 아동의 읽기수행수준에 관해 명확하고 효과적인 자료를 제공한다.
② 교육적 의사결정을 위해 상대적으로 짧은 기간 동안의 학습자 성장 정도를 측정하는 데 유용하다.
③ 반복측정을 통하여 아동의 학습능력 발달 정도의 확인이 가능하다.

④ 특수교육 대상자를 위한 교육적 정보를 제공한다.

⑤ 교사나 치료자가 집단보다는 아동 개개인을 지도하고자 하는 경우에 보다 적합하다.

⑥ 검사 결과에 따른 대상 아동의 현재 수행수준을 진단하고, 이에 적합한 개별화 교수전략을 수립하는 데 유용하다.

(3) 검사 기본 정보

- 저자: 김동일
- 목적: 읽기장애 진단을 위한 읽기 유창성검사
- 대상: 초등학교 1~3학년
- 실시형태: 개별검사
- 소요시간: 35분

(4) 구성

- 세트: 검사요강, 개인 프로파일(20부), 기초평가/형성평가 기록지(20부), 학생용 읽기자료
- 별도 구입: 기초평가/형성평가 기록지, 개인 프로파일

(5) 하위 검사

평가유형	하위 검사	내용
기초평가	읽기검사자료 1	개인검사로서 학생들이 주어진 시간 내에 얼마나 많은 글자를 얼마나 정확하게 읽는가를 측정하는 내용으로 구성된다.
	읽기검사자료 2	독해력을 측정하기 위한 집단용 검사로서 문맥에 맞는 적절한 단어를 선택하는 문항으로 구성된다.
형성평가	읽기검사자료	기초평가를 통해 읽기수행 수준을 확인한 후, 다양한 이야기 자료를 활용하여 지속적으로 대상 아동의 읽기 발달을 모니터링할 수 있다.

4) BASA: 수학검사(기초학습기능 수행평가체제)

(1) 소개

학습부진 아동이나 특수교육 대상자의 수학수행수준을 진단, 평가하는 국내 최초의 검사다. 실시가 간편하고, 시간이나 비용이 적게 들기 때문에 자주 실시할 수 있는 개인용 표준화 검사이며 수학능력을 직접 측정하기 때문에 전체 집단에서 차지하는 아동의 상대적인 위치에 대한 정보뿐만 아니라 어떤 부분이 부진한가를 확인할 수 있도록 아동의 문제에 대한 구체적인 정보를 제공한다. 진단과 더불어 교수계획이나 중재의 효과를 평가하고 아동의 수학학습수준의 성장을 모니터링하는 데에도 사용할 수 있다.

(2) 특징

① 아동의 수학수행수준에 관해 명확하고 효과적인 의사소통이 필요할 때 사용한다.

② 교육적 의사결정을 위해 상대적으로 짧은 기간 동안의 수학학습수준의 발달과 성장을 측정하는 데 유용하다.

③ Ⅰ · Ⅱ · Ⅲ 수준의 학년수준검사와 통합수준검사로 구성되어 교육과정에 따른 아동의 수준 파악에 용이하다.

④ 학습부진 아동이나 특수교육 대상자를 위한 교육적 정보를 제공한다.

⑤ 교사나 치료자가 집단보다는 아동 개개인을 지도하고자 하는 경우에 적합하다.

(3) 검사 기본 정보

- 저자: 김동일
- 목적: 수학학습의 발달수준 진단
- 대상: 초등학교 1～3학년
- 실시형태: 개별검사
- 소요시간: 25분

(4) 구성

- 세트: 실시요강, 개인 프로파일(20부), 교사용 답안지, 학생용 기록지(20부), 형성평가 검사지
- 별도 구입: 형성평가 검사지, 학생용 기록지, 개인 프로파일

(5) 검사내용 및 실시

네 가지 검사로 구성되어, Ⅰ단계 검사는 1학년 수준, Ⅱ단계 검사는 2학년 수준, Ⅲ단계 검사는 3학년 수준, 통합단계는 1, 2, 3 학년의 내용을 모두 다루는 문제를 담고 있다.

초등 1학년 학생에게는 Ⅰ단계와 통합단계, 초등 2학년 학생에게는 Ⅱ단계와 통합단계, 초등 3학년 이상 학생에게는 Ⅲ단계와 통합단계 검사를 실시한다. 그 결과 백분위가 15% 이하인 경우에는 아래 학년 단계의 검사를 실시하여 백분위를 확인한다.

5) BASA: 쓰기검사(기초학습기능 수행평가체제)

(1) 소개

개인검사로 이야기 서두 제시 검사의 형태로 실시되며, 학생이 주어진 시간 내에 얼마나 많은 글자를 얼마나 정확하게 쓰는가를 측정한다. 쓰기문제를 가진 학생을 지도하기 위하여 현재 수행수준을 정량적, 정성적으로 평가하고, 교육적 의사결정을 위하여 상대적으로 짧은 기간(매주)에 아동의 쓰기능력의 발달과 성장을 측정하는 데 유용하다. 아동의 쓰기능력의 발달을 반복되는 측정을 통하여 나타낼 수 있고, 쓰기부진 아동이나 특수교육 대상자를 위한 교육적 정보제공에 도움이 되며, 비용에 따른 효과 측면에서 바람직하다. 특히 교사나 치료자가 전체 집단보다는 아동 개개인을 지도하고자 할 때 프로그램의 효과를 판단하기에 적합하다.

(2) 특징

① 쓰기문제를 가진 아동의 현재 수행수준을 정성적, 정량적으로 평가한다.

② 쓰기 유창성 측정을 통해 아동의 쓰기능력을 경제적이고 간편하게 평가한다.

③ 교육적 의사결정을 위해 짧은 기간(매주)에 아동의 쓰기능력 발달과 성장을 측정하기에 유용하다.

④ 기초평가를 통한 수행수준 진단과 형성평가를 통한 쓰기능력의 발달을 모니터링할 수 있다.

(3) 검사 기본 정보

- 저자: 김동일
- 목적: 쓰기문제를 가진 학생을 지도하기 위한 쓰기능력의 발달수준 측정 및 평가
- 대상: 초등학교 1년~성인
- 실시형태: 개별검사
- 소요시간: 약 40분

(4) 구성

- 세트: 전문가 지침서, 개인 프로파일(20부), 기초평가/형성평가 기록지(각 20부)
- 별도 구입: 기초평가/형성평가 기록지, 개인 프로파일

(5) 하위 검사

평가유형	하위 검사	내용
기초평가	정량적 평가	아동의 쓰기 유창성을 측정하기 위해 실시되며, 아동이 쓴 글에서 정확한 음절의 수를 계산해서 기록한다. 정확한 음절의 수는 총 음절에서 오류의 수를 뺀 값이다. 이를 위해 아동이 쓴 글에서 발견된 오류를 유형에 따라 기호로 표시해 두어야 하며 오류의 유형에는 '소리 나는 대로 쓰기' '삽입' '대치' '생략'이 포함된다.
	정성적 평가	부가적인 평가로서 아동의 쓰기능력에 대한 구체적인 정보를 얻기 위해 실시되며, 이야기 서두 제시 검사에서 아동이 쓴 글에 대해 '글의 형식' '글의 조직' '글의 문체' '글의 표현' '글의 내용' '글의 주제' 영역으로 나누어 분석적으로 평가한다.
형성평가	정성적 평가	기초평가를 통해 쓰기수행수준을 확인한 후, 다양한 이야기 서두를 활용하여 지속적으로 대상 아동의 쓰기 발달을 모니터링할 수 있다. 매 검사 회기마다 검사자는 무선적으로 하나의 검사 자료를 뽑아서 실시하며, 대상의 쓰기수행을 점검한다.

6) 한국판 학습장애 평가척도(K-LDES)

(1) 소개

표준화된 연령별 규준이 확립된 평가도구로서 학습장애에 대한 정의에 입각하여 학습문제를 주의력, 생각하기, 말하기, 읽기, 쓰기, 철자, 수학적 계산 영역으로 범주화하여 교사나 부모가 평가하도록 하는 학습장애 선별검사다. K-LDES는 아동들의 학습문제를 진단하고, 학습장애 유형과 심각성에 대한 평가 및 개별 학습장애 치료 프로그램 개발에 도움이 되는 정보를 제공한다.

(2) 특징

① 미국에서 가장 보편적으로 받아들여지는 '미공법 94조 142항'의 학습장애에 대한 정의를 토대로 개발된 88문항으로 이루어진 '학습장애척도'를 우리나라 교육실정에 맞게 번안 · 수정하여 개발하였다.

② 7개의 하위 척도 평가치를 합산하여 학습지수(Learning Quotient: LQ)가 산출되는데 이는 아동의 총체적인 학습문제에 대한 측정치를 제공하며, 웩슬러 지능검사에서 산출되는 FSIQ, VIQ, PIQ와 평균, 표준편차의 단위가 동일하므로(평균=100, 표준편차=15) IQ수준에 비해 LQ가 얼마나 부진한지 쉽게 비교할 수 있다.

③ 본 검사는 교실 내에서 학생들을 지도하며 직접 관찰한 내용에 근거하여 교사가 평가하거나 부모가 아동의 학습이나 숙제를 지도하면서 관찰한 내용에 근거하여 평가하며, 실시시간이 20분 이내로 짧으므로, 임상장면에서 매우 간편하게 실시 가능한 검사다.

④ 본 검사는 실생활에서 아동을 매일 접하는 교사나 부모가 평가하는

척도이므로 아동의 학습문제를 조기에 발견하여 조속한 치료적 도움을 받도록 하는 데 유용하게 사용될 수 있다.

⑤ 본 검사는 학습장애 진단에 필요한 정보뿐만 아니라, 학습장애 아동의 개별 교육 프로그램을 개발하는 데 활용될 수 있는 다양한 정보를 제공해 준다는 점에서 교육적 중요성을 지닌 평가 도구다.

(3) 검사 기본 정보

- **원저자:** Stephen B. McCamey, Ed. D.
- **한국판 표준화:** 신민섭, 조수철, 홍강의
- **목적:** 학령기 아동의 학습장애 여부 및 문제의 심각성, 유형 평가
- **대상:** 6～11세
- **실시형태:** 교사 혹은 부모 평정
- **소요시간:** 20분

(4) 구성

- **세트:** 전문가 지침서, 검사지(30부)
- **별도구입:** 검사시

(5) 하위 검사

하위 척도	내용	문항수
주의력	주의집중의 어려움을 평가한다.	7
생각하기	시 · 공간적 능력, 계기적 정보처리능력을 평가한다.	17

말하기	말할 때 음을 빠뜨리거나, 단어를 전혀 틀리게 발음하거나, 대화를 잘 이어가지 못하거나 어휘력이 한정되어 있는 것 등을 평가한다.	9
읽기	단어나 행, 문장들을 빼먹고 읽는 것과 같은 읽기의 정확성과 독해력을 평가한다.	14
쓰기	반전 오류(글자나 숫자를 거꾸로 씀), 띄어쓰기에서의 어려움 등을 평가한다.	14
철자법	철자법, 받아쓰기의 어려움 등을 평가한다.	7
수학적 계산	수학적 연산과 수학적 추론에서의 어려움을 평가한다.	20
전체 문항		88

7) 한국교육과정평가원(KICE)－초3 기초학력 진단평가

한국교육과정평가원에서는 지금까지 실시한 모든 초등학교 3학년 기초학력 진단평가지와 기준점을 공개하고 있다. 이 자료를 이용하여 다문화가정아동의 학력수준을 객관적으로 평가할 수 있으므로, 다음과 같이 소개하고자 한다.

(1) 소개

국민 기초학력 보장 차원에서 객관성 있는 평가를 실시하고 이에 근거하여 국가 · 시도 · 학교 차원의 적절한 지원정책을 마련하고자 한다. 따라서 학습부진이 시작되는 시기인 초등학교 3학년 수준에서 읽기, 쓰기, 기초수학의 최소 성취수준에 대한 도달 여부를 확인하고 다양한 교육정보를 산출하여 초등학교 저학년 교육에 대한 정책 지표를 제공하는 데 목적이 있다. 또한, 결과를 통해 기초학력 미달 학생의 특성을 파악하고, 이에 기초하여 기초학력 미달 학생 지도를 위한 교육 프로그램을 개발, 보급하고자 한다.

(2) 특징

① 기초학력수준을 파악하기 위한 국가수준의 평가다.

② 표집학교 학생에게는 진단평가 결과에 대한 개인별 분석카드를 제공한다. 여기에는 읽기, 쓰기, 기초 수학의 영역별 기초학력 도달 여부, 영역별 진단 정보, 세부 영역별 도달 여부, 내용 영역별 진단 정보 등이 포함된다.

③ '초등학교 3학년 진단평가' 실시 결과 기초학력의 향상이 필요하다고 판단된 학생들을 위해서 기초학력 보정교육 자료를 개발하였다. 읽기, 쓰기, 기초 수학의 각 영역별로 4권씩 총 12권의 『기초학력 보정 교육 자료』와 『기초학력 보정 교육 자료 사용 지도서』 1권을 개발하여 2003년 6월에 학교 현장에 보급하였다.

(3) 방법

① '초등학교 3학년 국가수준 기초학력 진단평가'는 2002년 10월 15일 처음 시행되었다. 읽기, 쓰기, 기초 수학의 세 영역으로 구성되었으며, 진단평가 실시 후 학생 개인별 분석 카드를 통해 결과가 제공

② '2007년 초등학교 3학년 국가수준 기초학력 진단평가'는 2007년 10월 11일에 읽기, 쓰기, 기초 수학 세 영역에서 실시

③ 진단평가 결과를 안내하는 개인별 분석카드는 12월 초에 표집학교로 발송하였고, 개인별 분석카드 출력 프로그램은 11월 하순에 '교

육평가 게시판'에 게시하여 활용

④ 2008년 '초등학교 3학년 국가수준 기초학력 진단평가'는 2008년 10월 9일 실시

8) 한국교육과정평가원(KICE)-학업성취도 평가

한국교육과정평가원에서는 지금까지 실시한 모든 학업성취도 평가지와 기준점을 공개하고 있다. 이 자료를 이용하여 다문화가정 아동의 학력수준을 객관적으로 평가할 수 있으므로, 다음과 같이 소개하고자 한다.

(1) 소개

초 · 중 · 고등학교 학생의 학업성취도를 체계적이고 과학적으로 진단하여 학업성취도의 변화 추이를 파악하고자 한다. 교과 교육과정에서 규정하고 있는 교육목표에 비추어 학생이 목표를 어느 정도 도달하였는지 분석하고, 교육과정의 문제점과 정착 정도를 파악하여 교육과정 개선에 기초가 되는 참고 자료를 제공하는 데 그 목적이 있다. 이 과정에서 참신하고 타당한 평가도구를 개발 · 활용함으로써 일선학교의 평가 방법을 선도하고자 하며, 변화 추이 설계와 기법, 성취수준 설정 방법, 배경변인과의 심층 분석 방법 등과 같이 학업성취도 평가 연구의 기본적인 목표를 달성하기 위하여 도입한 새로운 연구 설계와 방법을 확산시키고자 한다.

(2) 내용과 방법

① 국가수준 교육과정에서 규정하고 있는 교과 목표와 내용을 제대로 학습하였는가를 평가한다. 초등학교 6학년, 중학교 3학년, 고등학교 1학년 대상으로 국어, 사회, 수학, 과학, 영어 교과를 평가한다.

② 평가문항은 선택형과 서답형 및 수행평가로 구성한다.

③ 학생 · 교사 · 학교장 설문지를 통한 교육성취도의 배경변인 조사를 병행한다.

④ 준거지향평가로 성취수준을 우수학력, 보통학력, 기초학력, 기초학력 미달로 보고한다.

(3) 분석결과 보고 및 활용 계획

① 표집평가에 참여한 학생의 개인별 평가지표를 제공하여, 학생들에 대한 학습지도 및 진로지도를 지원한다.

② 평가결과는 보고서 형태로 제출하고, 시사점을 분석하여 국가 및 시 · 도교육청에서의 교육정책 수립, 단위학교에서의 교수 · 학습방법 개선, 진로지도 등의 자료로 활용한다.

2. 다문화가정 아동의 문제행동에 대한 조사 결과

1) 조사목적

초등학교 교사들의 다문화가정 아동 지도를 조력하는 시스템 구축을 위해 교사를 대상으로 요구조사를 실시하였다. 다문화가정 아동에 대한 교사 인식, 다문화가정 아동 지도의 어려움을 분석하여 조력 체제 구축의 기초 자료로 삼고자 하였다.

2) 조사방법

다문화가정 아동의 담임 경험이 있거나 다문화가정 아동을 위한 지원 프로그램에 참여한 경험이 있는 경기도, 인천, 전남, 전북 지역의 초등교사를 대상으로 자료를 수집하였다. 대상 교사의 설문자료에 대해 내용분석 및 유목화작업으로 진행하였다.

3) 조사대상

(1) 교사의 인적사항

- 남교사 10명, 여교사 48명
- 평균연령: 37.3세
- 평균경력: 13년 6개월
- 담임 51명, 지원 프로그램 6명(1명 특수학급 포함)
- 담당학년: 1학년 7명, 2학년 10명, 3학년 9명, 4학년 10명, 5학년 9명, 6학년 6명

(2) 아동의 인적사항

- 남자 27명, 여자 31명
- 평균연령: 9.9세
- 초1 8명, 초2 13명, 초3 10명, 초4 11명, 초5 7명, 초6 9명
- 한국에서 학교를 다니기 시작한 학년: 1학년부터 43명, 2학년부터 3명, 3학년부터 5명, 4학년부터 4명, 5학년부터 1명, 6학년부터 2명
- 다문화가정 상태: 국제결혼 가정 49명, 외국인노동자 5명, 새터민 4명
- 국제결혼 가정의 국적
  - 부의 국적: 한국 45명, 일본 2명, 중국 2명
  - 모의 국적: 한국 4명, 베트남 5명, 필리핀 8명, 몽골 7명, 태국 2명, 우즈베키스탄 5명, 러시아 1명, 벨로루시 1명, 파라과이 1명, 일본 10명, 대만 1명
- 외국인 노동자: 중국 1쌍, 몽골 3쌍, 파키스탄 1쌍
- 새터민: 총 4가구 중 3가구는 어머니만 있음
- 한국 체류기간은 거의 응답하지 않음

4) 조사를 위한 질문시

안녕하십니까?

경인교대에서는 초등학교 교사들의 다문화가정 아동 지도를 조력할 수 있는 시스템 구축을 위해 노력하고 있습니다. 그 일환으로 다문화가정 아동 지도 및 상담과정을 컨설팅할 수 있는 교재를 개발하는 연구에 착수하였습니다. 교사 여러분들이 경험한 다문화 아동의 특성을 파악하여 교재의 내용을 구성하기 위해 현장의 소리를 듣고자 합니다. 아래 사항에 대해 가능한 한 솔직하고 구체적으로 답해 주시기 바랍니다. 저희 연구에 협조해 주셔서 대단히 감사합니다.

경인교육대학교 교육학과 교수 황매향
서울대학교 교육종합연구원 선임연구원 고홍월

응답자 인적사항

1. 성별 (①남자, ②여자)
2. 연령 (만 ○○세)
3. 근무연한 (○○년 ○○개월)
4. 담임 (○○학년, 담임 아님)

다문화 아동

현재 맡고 있거나 예전에 맡았던 다문화 아동을 떠올려 보세요. 그 아동에 대해 다음에 답해 주시기 바랍니다.

1) 아동의 인적사항
- 학년: ___________학년
- 나이: 만___________세
- 성별 (① 남자, ② 여자)
- 부모의 출신국(부: ○○, 모: ○○)
- 주 양육자:
- 한국 체류기간: ______년 ______ 개월
- 한국에서 학교에 다니기 시작한 학년: ______ 학년
- 다문화가정 형태(외국인 근로자, 국제결혼, 새터민, 기타)
(해당란에 동그라미)

2) 아동의 문제행동(눈으로 관찰할 수 있는 구체적인 행동으로)
예) 아무 이유 없이 일주일에 두 번 이상 결석을 한다.

____

____

____

3) 이 아동을 지도하고 교육하는 데 가장 큰 어려움

____

____

____

____

5) 조사결과

(1) 다문화가정 아동의 문제행동에 대한 교사의 지각

① 의사소통

↘ 언어로 인한 문제

- 질문에 대해 이해를 못하고 자주 묻는다.
- 특별한 문제점들은 없으나 초창기 전학 왔을 때 아이들이 다가섰으나 다문화가정 아동의 거친 언어습관으로 사이가 멀어지는 모습이 보인다.
- 의사전달이 미숙하여(학교－집) 학습준비가 되지 않는다.
- 우리말을 정확하게 발음하지 못하고 의사소통이 잘 안 된다.
- 발음과 한국말이 부정확하다.
- 말귀를 잘 못 알아듣는다.
- 말을 심하게 더듬는다.
- 언어구사능력이 떨어진다(발음 어눌, 어휘력 부족).
- 언어장애('ㅅ'을 'ㅂ'으로 발음하여 정확하지 않음)

↘ 태도로 인한 문제

- 교사의 질문에 답을 하지 않는다.
- 친구들이나 교사와 눈을 마주치지 않는다.
- 아무 이유 없이 혼자 웃는다.

② 성격

↘ 내성적임/자신감 부족/기타

- 말하는 데 자신이 없다.

- 소심한 성격으로 자기표현을 잘하지 못한다(아이는 무슨 일이든 열심히 하지만 어머니가 한국말이 서툰 관계로 자기표현을 잘하지 못하는 편임).
- 또래 친구와 어울림이 부족하며 주변 사람과 교사의 눈치를 살핀다.
- 자신감 부족으로 매사에 의욕적이지 못하고 아빠의 부재로 지나치게 엄마에게 의존적이다.
- 성격이 내성적이나 문제행동이라고 규정지을 정도는 아니다.
- 소극적이다/소극적 성격/고집이 있다.
- 우물쭈물하며 자신감이 없다.

③ 학업

↘ 학업 태도로 인한 문제

- 수업시간에 칼싸움, 전쟁 등의 만화를 주로 그린다.
- 숙제를 거의 하지 않는다./ 숙제를 종종 빠뜨린다(3명).
- 공부시간 집중력이 약하다(4명).
- 주의 산만이 점점 두드러지게 나타난다(3명).
- 행동이 느린 편이다.
- 초기에 지각 횟수가 늘어난다(주 1회 → 주 3회).
- 수업시간에 집중도가 떨어지고 공부에 흥미가 없어 보인다.
- 주의가 산만하고 학습의욕이 부족하다.
- 자주 지각을 한다.

↘ 능력으로 인한 문제, 국어 등

- 수학은 어느 정도 따라서 공부가 되는데 국어는 이해력이 부족하여 실력 향상이 더디다.
- 학습장애(특히 읽고 쓰기)인 것 같다.

- 국어학력이 기초부진이다.
- 수업을 이해하지 못해서 엎드려 자는 경우가 있다.
- 기초학력수준이 매우 낮다.

↘ 학습준비

- 아동은 하고자 하나 조력자가 없어 뒤떨어진다.
- 의사전달이 미숙하여(학교－집) 학습준비가 되지 않는다.
- 아동의 1학년(8세) 시기에 어머니가 가출하여 아버지가 아동을 돌보는 상태로, 문제점은 학습준비물 미지참이다.
- 학습준비물 준비가 되지 않는다(4명).
- 교과서를 잃어버리는 경우가 있다.
- 학습준비물, 과제해결이 많이 부족하다(안 해 옴).
- 자기 물건을 거의 챙기지 못한다.

④ 교사관계

- 친구들이나 교사와 눈을 마주치지 않는다.
- 원리 원칙에 따라 선생님에게 따지고 대든다.

⑤ 또래관계

↘ 친밀감 부족

- 친구들이나 교사와 눈을 마주치지 않는다.
- 한국의 학생들과 잘 지내지 못한다.
- 친구들과 잘 어울리지 못하고 혼자 노는 경우가 많다.
- 또래친구와 어울림이 부족하며 주변 사람과 교사의 눈치를 살핀다.
- 친구들과 말을 하지 않는다.

• 형제들끼리만 어울린다.

↘ 폭력 및 다툼

• 사소한 일에도 못 참고 자주 친구와 다툰다.
• 친구와 다툼이 있다(월 1회).
• 타인을 배려하는 마음이 부족하여 다툼이 종종 있다.
• 정서적인 안정이 덜 되며 친구들과 사이좋게 지내지 못한다.

⑥ 문화적 차이

• 아버지는 일찍 돌아가시고 어머니가 영어강사로 자녀 두 명을 양육하는데, 크게 문제행동은 없으나 한국문화에 익숙하지 않다.

⑦ 장점

• 학업에 대한 의욕이 많고 성취율이 높으며 평소 행동이 바르고 모범적이다.
• 성실히 학교생활을 한다.
• 어머니가 일본인이기 때문인지, 문제행동 없이 잘 적응하고 생활태도도 우수하다.
• 굉장히 똑똑하고 활달한 성격이다.
• 본인의 환경에 대해 긍정적이며 개방적이다.
• 학업에도 적극적이고 교우관계도 원만하며, 오히려 친구들에게 일본어를 가르쳐 주기도 하다.

⑧ 이상 없음

• 문제행동으로 인식되는 사례는 없다(12명).

- 큰 문제가 없다(천진하고 장난스러움).
- 연령이 어려서 뚜렷한 증세는 나타나지 않는다.

⑨ 기타

- 부모님과의 연계지도가 되지 않는다.

(2) 다문화가정 아동의 지도 및 교육상 어려움에 대한 교사의 호소

① 학습지도

↘ 학습능력－국어

- 기초적인 셈하기/받아쓰기는 잘하나 문장제문제 등에 대한 이해력이 부족하다.
- 의사소통이 안 되고 어휘를 잘 이해 못한다.
- 국어능력(읽기 쓰기)에 미숙한 점이 있어 타교과 학습에도 영향이 있다(어릴 적 어머니와 보낸 시간이 많아서 영향을 받음).
- 국어와 과제수행능력이 많이 부족하고 학습속도가 느려 정상적인 수업진도에 따라가지 못하는 경향이 있다.
- 국어과 학습정도가 조금 낮다(열심히 노력하는 편).
- 발음 지도와 집중 지도
- 국어능력이 발달을 보이지 않는다.
- 쓰기나 읽기에서 약간의 어려움을 보인다.

↘ 학습능력－전반

- 한국에 대한 이해력이 떨어지기 때문에 수업내용을 잘 이해하지 못한다.
- 교사가 시키는 일은 잘 따라해서 별 어려움은 없으나 이해력이 부족

하고 공부에 대한 스트레스가 많아 성격이 더욱 소심해지는 것 같아 안타까웠다.

- 학습 전이력이 느린 편이다.
- 기초학습능력의 부진으로 인한 본 학년 교육과정 지도가 어렵다.
- 학력저하

↘ 학습태도–동기

- 학업 흥미도가 떨어진다(2명).
- 수업 중 집중력이 떨어진다.
- 의욕이 없고 과제와 준비물을 빠뜨려 학습활동에 어려움이 많다(2명).
- 그리기나 만들기 등을 제외한 학습에는 흥미를 느끼지 못한다. 강제로 시킬 경우 심한 거부 반응(흥분하여 할퀴는 등의 행동)을 나타낸다.

↘ 학습준비

- 의욕이 없고 과제와 준비물을 빠뜨려 학습활동에 어려움이 많다(2명).
- 부모의 관심이 부족하여 준비물을 잘 준비해 오지 않으며, 집에 혼자 있는 시간이 많아 생활지도가 어렵다.
- 부모와의 의사소통이 되지 않아 준비물을 챙겨 오지 못한다.
- 가정환경이 어렵고 학습준비물 미지참으로 수업태도가 좋지 않다.

↘ 기타

- 다문화 학생이라는 점보다는 학생이 기본적으로 가지고 있는 학습태도, 학습준비도, 학습의욕, 학습능력이 부족하다.
- 성실하고 친구들에게 다정하나 수학과 학습능력이 떨어진다.
- 수학지도

② 아동－교사 간 의사소통

• 아이와 대화를 할 수가 없어서 어떤 어려움을 겪는지 직접적 상담이 어려워서 학부모와만 이야기해야 한다.
• 한국말이 부자연스러워 의사소통이 원활하지 못하다(2명).

③ 가정－교사 간 의사소통

↘ 주보호자의 언어문제

• 모친과 통화할 때 언어소통이 안 된다(어눌한 한국어, 필리핀식 영어).
• 어머니가 생활에 바쁘고(공장근무) 교육에 적극 나서려고 하지 않아 학교와 연계가 되지 않는다.
• 부모님(특히 엄마)이 한국어를 몰라 담임과 의사소통이 잘 안 된다.
• 부모는 아이에게 관심을 갖고 열심히 지도하려고 하나 어머니의 언어문제로 어려움을 호소한 적이 많았다.
• 상담이 필요할 때 아동의 엄마가 우리말을 하지 못하고 읽지 못하여 전달이 어렵다. 아빠와의 상담도 어려운 편이다(늦은 시간, 근무시간 이외).
• 엄마와의 교육 의사소통이 매끄럽지 못하다.
• 중간에 부모가 이혼하여 아빠가 베트남 부인과 재혼한 상태이나 학교에 적응하는 데 어려움은 없다. 처음 태어날 때는 부모가 모두 한국인이었다.
• 부모의 관심이 부족하여 준비물을 잘 준비해 오지 않으며, 집에 혼자 있는 시간이 많아 생활지도가 어렵다.
• 부모와의 의사소통이 되지 않아 준비물을 챙겨 오지 못한다.
• 가정학습이 잘 이루어지지 않는다.
• 아동에게 문제가 생겨 부모님과 상의할 경우가 있을 때, 아버지를 통

해 상의를 해야 하는 점이 불편했다.

• 학부모상담 시 약간의 어려움이 있다.

④ 생활지도

↘ 또래관계 등 학급지도

• 사회성이 결여되어 교우관계가 친밀하게 형성되지 못한다.
• 아이들에게 다른 친구와 똑같이 대해 주면서도 더 많은 배려를 해줘야 한다고 지속적으로 설명하고 이해하도록 하는 것이 어렵다(같은 반 학생지도방법이 어려움).
• 아이의 능력이 뛰어나서 학급 아이들에게 시샘을 받아서 서로에 대해 이해시켜야 하는 어려움이 있다.
• 또래친구들과 잘 어울리지 못하고 주변 사람들 눈치를 살피는 증세

↘ 고립/소외 등의 생활태도

• 의사소통에는 어려움이 없으나 부모를 제외하고는 다른 사람들과의 교류가 없어서 학습 · 생활지도에 어려움이 있다.

⑤ 언어문제

• 말을 알아듣기는 하는데 입을 열지 않아 의사소통에 문제가 많다.
• 서로에 대한 언어차이로 의사소통 및 감정교환이 어려워서 오해의 소지가 크다.

⑥ 문화적 차이

• 어머니께서 교육열이 대단하셨으나 문화적 차이에 대한 지식이 없어 아동뿐 아니라 부모교육까지 실시해야 한다.

- 일본과 관련된 역사교육 시 양쪽 국가의 입장에서 지도를 해야 하므로 어려움이 있다.
- 한국에 대한 이해력이 떨어지기 때문에 수업내용을 잘 이해하지 못한다.
- 문화의 차이로 적응을 어려워한다.

⑦ 기타

- 이 아동과 같은 아동을 모아 방과 후에 따로 가르치는 시스템이 없어 담임교사 혼자의 힘으로는 한계가 있음을 느낀다.
- 저소득층 자녀의 특성을 가지고 있다.
- 각종 통계 요구
- 어머니가 교육시키고 있다.
- 정리정돈의 미흡

⑧ 문제 없음

- 다른 아이들과 다를 바 없는 정도의 수준이라 별 어려움이 없다.
- 없다(11명).
- 태어나면서 한국에서 살아서 문제행동을 보이지 않는다.

⑨ 잘함

- 의외로 국어성적은 양호하다.
- 또래보다 2학년 어린 친구들과 또래관계를 잘 맺고 있다.
- 학업성취도도 우수하다.

경기도교육청 코시안의 집(2007). 이주아동 교육지원 욕구조사. 경기: 경기도교육청.

교육과학기술부(2008). 2008년도 다문화가정 학생 교육 지원 계획. 서울: 교육과학기술부.

금명자, 이영선, 김수리, 손재환, 이현숙(2006). 다문화가정(혼혈청소년)연구. 서울: 한국청소년상담원.

금명자, 권해수, 이희우(2004). 탈북 청소년의 문화 적응 과정 이해. 한국심리학회지: 상담 및 심리치료, 16(2), 295-308.

길은배, 문성호(2003). 북한이탈 청소년의 남한사회 적응실태 및 지원방안 연구. 서울: 한국청소년개발원.

김경란(2007). 다문화가정 자녀의 자아정체감과 사회적 지지가 사회적응에 미치는 영향. 국민대학교 석사학위 청구논문.

김오남(2006). 여성 결혼이민자의 부부갈등 및 학대에 관한 연구-사회문화적 요인을 중심으로. 한국가족복지학, 18, 33-76.

김진희, 박옥임(2008). 농촌과 도시지역 국제결혼이주여성의 가족갈등과 생활만족도 비교: 전라남도 지역을 중심으로. 농촌사회, 18(1), 1-23.

김혜숙, 황매향(2008). 문제행동 상담 길잡이. 경기: 교육과학사.

노충래, 홍진주(2006). 이주노동자 자녀의 한국사회 적응실태 연구. 한국아동복지학, 22, 127-159.

농촌진흥청(2008). 2008년 농촌지표. 경기: 농촌진흥청.

박경동(2007). 다문화가족 형성과 갈등에 대한 연구: 한국의 광주, 전남지역 사례를 중심으로. 전남대학교 석사학위 청구논문.

박진숙(2008). 난민 가정의 문화 정체성에 대한 문화기술지적 사례연구. 연세대학교 석사학위 청구논문.

변미희, 강기정(2005). 북한이탈 청소년의 자아존중감 향상을 위한 집단미술치료 프로그램의 효과: 북한이탈청소년을 위한 대안학교 재학생을 중심으로. 청소년학연구, 12(1), 127-150.

보건복지가족부(2005). 국제결혼 이주여성 실태조사 및 보건복지 지원정책방안. http://www.mw.go.kr

보건복지가족부(2007). 2007년도 국적별 외국인 혼인. http://www.mw.go.kr

보건복지가족부(2008). 국제결혼 추세 및 이혼통계. http://www.mw.go.kr

손민정(2008). 다문화가정 초등학교 저학년 학생을 위한 학교적응력 향상 프로그램 구안. 한국교원대학교 석사학위 청구논문.

송미경, 지승희, 조은경, 임영선(2008). 다문화가정 외국인 모의 부모경험에 관한 연구. 한국심리학회지: 상담 및 심리치료, 20(2), 497-517.

신혜정(2007). 다문화가정 자녀의 자아정체성에 영향을 주는 요인에 관한 연구. 이화여자대학교 석사학위 청구논문.

양애경, 이선주, 최훈석, 김선화, 정혁(2007). 여성결혼이민자에 대한 지역사회의 수용성 연구. 서울: 한국여성정책연구원.

오경석, 오재림, 허창수, 정진헌, 서민우, 이선옥(2007). 이주민 공동체의 문화다양성에 대한 조사연구: 다문화지도 제작. 서울: 문화관광부.

오성배(2005). 코시안(Kosian) 아동의 성장과 환경에 관한 사례 연구. 한국교육, 32(3), 61-83.

오연경(2008). 다문화 가족 상담을 위한 초등학교 담임교사의 역할. 한양대학교 석사학위 청구논문.

유네스코 아시아태평양 국제이해교육원(2008). 다문화사회의 이해: 다문화 교육의 현실과 전망. 경기: 동녘.

임상수, 정순미, 서승희(2008). 새터민 아동을 위한 교육 멘토링. 경기: 교육과학사.

전경숙(2008). 경기도 지역의 다문화가정과 일반가정 청소년의 생활실태 조사: 학교생활과 가정생활을 중심으로. 청소년상담연구, 16(1), 167-185.

정진경, 양계민(2004). 문화적응이론의 전개와 현황. 한국심리학회지: 일반, 23(1), 101-136.

조한범, 이우영, 이금순, 전효관(2003). 북한이탈청소년 및 귀국청소년 문제행동 예방과 대책연구. 서울: 한국청소년개발원.

조혜영, 이창호, 권순희, 서덕희, 이은하(2007). 다문화가족 자녀의 학교생활실태와 교사 · 학생의 수용성 연구. 서울: 한국청소년정책연구원.

지성애, 정대현, 김경숙, 김현주, 채영란, 김지예(2006). 유치원과 초등학교의 다문화교육 실태와 교사의 인식 비교. **유아교육학 논집**, 10(4), 351-369.

최일선, 조운주(2008). 국제결혼 가정 자녀를 위한 교육 멘토링. 파주: 교육과학사.

통계청(2008). 인구동태통계연보. http://www.kosis.kr

한건수, 설동훈(2007). **이주자가 본 한국의 정책과 제도**. 서울: 한국여성정책연구원, 유네스코 아시아 · 태평양 국제이해교육원.

한진상, 서정기(2008). 이주아동으로 살아가기. 한국교육인류학회 제106차 월례 발표회 발표자료.

Baruth, L. G., & Manning, M. L. (2007). *Multicultural counseling and psychotherapy: A lifespan perspective*. New York: Pearson.

Berry, J. W. (1997). Immigration, acculturation, and adaptation. *Applied Psychology, 46*(1), 5-68.

Berry, J. W. (2001). A Psychology of Immigration. *Journal of social Issues, 57* (3), 615-631.

Berry, J. W., Poortinga, Y. H., Segall, M. H., & Dasen, P. R. (2002). *Cross-cultural psychology: research and applications*. Cambridge: Cambridge University Press.

Pledge, D. S. (2004). **아동 및 청소년 상담** [*Couseling adolescents and children developing your clinical style*]. (이규미, 이은경, 주영아, 지승희 공역). 서울: 시그마프레스.

Ponterotto, J. G., Casas, J. M., Suzuki, L. A., & Alexander, C. M. (2001). *Handbook of Multicultural Counseling*. Thousand Oaks: Sage.

Shaffer, D. R. (2002). **발달심리학** [*Childhood and adolescence*]. (송길연, 장유경, 이지연, 정윤경 공역). 서울: 시그마프레스.

Sue, D. W. (1981). *Counseling the culturallly diverse: Theory and practice*. New York: Wiley.

Sue, D. W., Arredondo, P., & McDavis, R. J. (1992). Multicultural counseling competencies and standards: A call to the profession. *Journal of*

Counseling & Development, 70, 477-486.

Sue, D. W., Ivey, A. E., & Pedersen, P. B. (1996). 다문화 상담의 이론과 실제 [*Theory of multicultural counseling and therapy*]. (김태호, 임은미, 김인규, 은혁기, 김명식, 서혜석, 하혜숙, 김영혜, 김수아, 정성진 공역). 서울: 태영출판사.

찾아보기

BASA 수행평가 읽기검사와 쓰기검사 68
BASA 수학검사 157
BASA 쓰기검사 159
BASA 읽기검사 155
Be 언어 138
Do 언어 138

가정환경 53
강점 32
강화물 선정 110
객관적 자기 84
결혼이민자 가정 14
경청 136
교사인식 59
교우관계 49
교육환경 59
국제결혼 가정 28, 32, 34, 38, 41, 44, 47
국제결혼 53
국제결혼율 53
긍정적인 피드백 83
기초선 107
기초학력진단검사 68
기초학습기능 수행평가체제 155, 157, 159
기초학습기능검사 151, 68
기초학습능력 65, 69

나-전달법 137
내담자 복지 우선 103
너-전달법 137

다문화가정 아동 14
다문화상담 역량 19
대상 선정단계 102
대인관계 15, 34
대인관계능력 125
또래 갈등 37
또래문화 61

문제행동 49
문화적 이슈 17
문화적 정체감 18
문화적 차이 17
문화정체감 91

부모교육 76

부모상담 79
부모의 동의 105
부모의 참여 30
부부갈등 54
불안 46

사회적 수용 86
새터민 가정 29, 33, 36, 39, 42, 45, 48
새터민 14
수용언어 및 표현언어 발달척도 149

양육방식 57
언어문제 27
외국인 노동자 가정 14, 28, 32, 35, 38, 42, 45, 47
워밍업 활동 141
인지적 개입 88

자기존중감 43, 82
자아정체감 40, 91
정서 16
정체감 혼란 40, 90
주관적 자기 84
주장적 자기표현 138
즉각적인 피드백 83

초3 기초학력 진단평가 164
촉진적 관계 형성 69
추수점검 121
취학 전 아동 언어발달검사 68
친구 사귀기 집단상담 125

컨설팅 106, 109, 116, 120, 124, 99

학교규칙 50
학력 편차 71
학습부진 15
학습장애 평가척도 162
학습지도 58
학습태도 49
학업 15, 27
학업동기 74
학업성취도 평가 166
학업적자기존중감 86
한국어 능력 70
행동계약서 111
행동수정의 목표 109
행동수정의 일반적 절차 100

| 저자 소개 |

■ **황매향**

서울대학교 대학원 교육학과 교육상담전공(교육학박사)
현 경인교육대학교 교육학과 조교수

〈주요 저서 및 역서〉
부모가 알아야 할 청소년기의 뇌 이야기(역, 지식의 날개, 2008)
초등교사를 위한 문제행동 상담 길잡이(공저, 교육과학사, 2008)
학업상담(학지사, 2008) 외 다수

■ **고홍월**

서울대학교 대학원 교육학과 교육상담전공(교육학박사)
현 충남대학교 자유전공학부 교수

〈주요 논문〉
대학생의 진로의사결정 성숙수준에 따른 진로결정 문제 분석(2008)
한·중 대학생의 정신건강과 주관적 행복감에 대한 비교 연구(2009) 외 다수

경인교육대학교 특성화사업단
T-멘토링 총서 5

초등교사를 위한 다문화상담 길잡이

2010년 1월 12일 1판 1쇄 발행
2012년 1월 20일 1판 3쇄 발행

지은이 • 황매향 · 고홍월
펴낸이 • 김진환
펴낸곳 • (주) 학지사
121-837 서울특별시 마포구 서교동 352-29 마인드월드빌딩 5층
대표전화 • 02)330-5114 팩스 • 02)324-2345
등록번호 • 제313-2006-000265호

홈페이지 • http://www.hakjisa.co.kr
커뮤니티 • http://cafe.naver.com/hakjisa

ISBN 978-89-6330-120-4 94370
978-89-6330-100-6 (set)

정가 12,000원